크리스토퍼 라이트의

십자가

* 본서는 미국 IVP에서는 *To the Cross*(ⓒ 2017)라는 제목으로 출간되었습니다.

크리스토퍼 라이트의
십자가

지은이	크리스토퍼 라이트
옮긴이	박세혁
만든이	김혜정
기획위원	김건주
디자인	홍시 송민기
마케팅	윤여근, 정은희
제작	조정규
초판	1쇄 인쇄 2019년 9월 10일
	1쇄 발행 2019년 9월 23일

발행처	도서출판 CUP
출판신고	제 2017-000056호(2001.06.21.)
주소	(04549) 서울특별시 중구 을지로 148, 803호(을지로3가, 중앙데코플라자)
전화	02) 745-7231
팩스	02) 6455-3114
이메일	cupmanse@gmail.com
홈페이지	www.cupbooks.com

ISBN   978-89-88042-00-7 03230 Printed in Korea

* 파손된 책은 구입하신 서점에서 교환해 드리며 책값은 뒤표지에 있습니다.

크리스토퍼 라이트의

십자가

크리스토퍼 J. H. 라이트 지음 | 박세혁 옮김

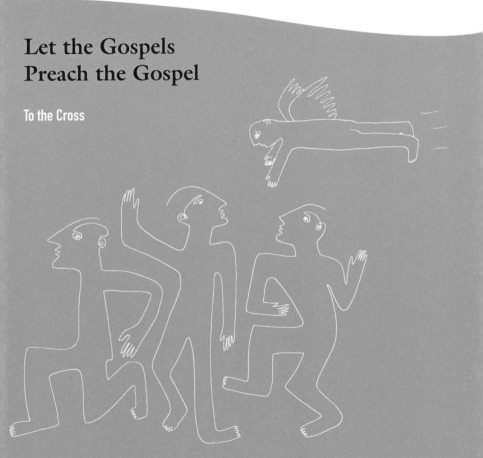

Let the Gospels
Preach the Gospel

To the Cross

십자가는 여전히 GOOD NEWS다!

CUP

Let the Gospels Preach the Gospel

Christopher J. H. Wright

올 소울스 교회에 이 책을 바친다

CONTENTS

　　　　　　그리스도의 십자가에 관해 설교하는 것은
설교자가 지닌 가장 큰 특권과 책임 중 하나다. 또한 개인적으
로는 설교할 때 가장 큰 성취감과 감동을 느끼고, 때로는 눈
물과 기쁨을 동시에 경험한다. 이 작은 책은 내가 여러 해에
걸쳐 두 명의 주임 사제 리처드 뷰스(Richard Bewes)와 휴 파머
(Hugh Palmer)의 초대를 받고 런던 랭엄의 올 소울스 교회에서
설교한 내용을 담고 있다. 우연하게도 나에게 주어진 본문은
사복음서에 흩어져 있었고, 덕분에 나는 각각의 복음서 기자
들이 어떻게 저마다 독특한 방식으로 십자가의 복음과 십자
가에 이르기까지의 사건들을 서술하는지 살펴볼 수 있는 특
권을 얻었다. 특히, 어떻게 그들이 여러 구약의 본문을 렌즈로
삼아 십자가 사건을 해석하는지를 살펴볼 수 있었다.

　물론 복음서가 말해주듯이 그리스도의 부활이 없다면 복음
이 불완전할 것이다. 첫 번째 부활절 후 행한 최초의 '복음 설

교'에서는 이 점을 분명히 한다.

> 그[나사렛 예수]가 하나님께서 정하신 뜻과 미리 아신 대로 내
> 준 바 되었거늘 너희가 법 없는 자들의 손을 빌려 못 박아 죽
> 였으나 하나님께서 그를 사망의 고통에서 풀어 살리셨으니
> 이는 그가 사망에 매여 있을 수 없었음이라. …
> 이 예수를 하나님이 살리신지라 우리가 다 이 일에 증인이로
> 다. … 그런즉 이스라엘 온 집은 확실히 알지니 너희가 십자가
> 에 못 박은 이 예수를 하나님이 주와 그리스도가 되게 하셨느
> 니라.
>
> (행 2:23~24, 32, 36)

메시아 예수의 부활은 하나님이 예수의 십자가 죽음을 통해 이루신 모든 것을 완성하고 확증했다. 그것은 예수가 주장하고 가르치신 모든 것에 대한 증명이자 입증이었다. 이는 그분께 사형을 선고한 법정의 판결을 하나님이 뒤집으신 것이었다. 그것은 새로운 창조의 시작이자 보증이었다.

따라서 십자가와 부활 모두를 설교했던 사도들의 방식을 충실히 따르려 한다면 우리도 부활 없이 십자가만 설교해서는 안 된다. 여기 실린 각 설교에서 초점을 부활까지 확장하지는 않았지만, 이 설교들은 부활절 기간 행한 설교였고, 바로 이어서 교회력에 따라 다른 설교자들은 부활에 관해 설교했다.

이 책에 실린 설교문은 실제로 했던 설교와 큰 차이가 없다. 내가 손으로 쓴 원고의 도움을 받아 설교 녹음을 녹취한 비비언 덥(Vivian Doub)에게 고마움을 전한다. 이 책의 출간을 준비하면서 나는 필요한 경우 녹취록에 약간의 편집을 가했다. 설교를 책으로 출간하도록 허락해준 올 소울스 교회에도 감사를 드린다. 원래 내가 했던 설교는 올 소울스의 웹사이트 www.allsouls.org를 통해 무료로 들을 수 있다.

랭엄 설교 자료(Langham Preaching Resources) 시리즈에 포함될 이 작은 설교집을 내면서 내가 부족하나마 1950년부터 서거한 2011년까지 올 소울스의 주임 사제와 명예 주임 사제로 랭엄 파트너십(Langham Partnership)의 창립자인 존 스토트(John Stott)의 발자국을 따라가고 있음을 다시 한번 깨닫는다. 그가 쓴 많은 책, 특히 《BST 성경 강해 시리즈》(The Bible Speaks Today)에 포함된 그의 책들은 수십 년에 걸쳐 그가 했던 설교에 기초를 두고 있다. 그러므로 존 스토트가 액자에 넣어 런던에 있는 자신의 침실-서재에 걸어둔 기도문으로 이 서문을 마무리하고자 한다.

거저 주시는 주님의 구원에 대해 말할 때
모든 것을 흡수하는 주님에 대한 생각이
내 마음과 영혼을 사로잡기 원하나이다.
주님의 말씀의 영향력 아래
모든 마음이 조아리고 감동을 받을 때

주님의 십자가 뒤에 나를 숨겨주소서.

_ 입스위치에 있는 세인트 메리 앳 더 키(St Mary at the Qauy) 예배
당과 해덜리 교구 교회(Hatherleigh Parish Church)의 성구실에서
발견된 기도문.

개
인
적

논
평

이 책은 성경을 더 깊이 공부하려는 분들과
성경을 설교하는 모험을 떠난 동료 순례자들을 위해 쓴 책이
므로 앞의 다섯 장을 채운 설교를 어떻게 준비했는지에 관한
개인적 성찰을(내가 기억할 수 있는 만큼!) 덧붙이는 것이 유익할
지도 모르겠다. 아래의 일반적인 논평과 더불어 각 장 서두에
〈개인적 논평 _설교를 준비하면서〉라는 구체적인 논평을 함
께 실었다.

올 소울스의 상황

이 다섯 편의 설교는 여러 해에 걸쳐 부활절 기간 중 올 소
울스 교회 랭엄 플레이스(All Souls Church, Langham Place)에서
설교한 메시지다. 몇 가지 이유로 이 사실이 중요하다.

첫째, 성경 본문은 내가 선택한 것이 아니라 나에게 할당
된 것이었다. 나는 올 소울스의 설교자 팀의 일원이지만 연

속 설교의 계획이나 연속 설교 안의 각 설교를 위한 본문 선택은 주임사제(rector, 처음에는 리처드 뷰스[Richard Bewes]와 휴 파머[Hugh Palmer])의 책임이다. 본문을 내가 스스로 선택했다면 사복음서의 관련된 장에서 다른 구절들이나 더 짧은 구절들을 골랐을지도 모른다. 어떤 때는 설교 한 편에 담기에 너무 길게 느껴지는 본문을 주기도 한다. 그럼에도 불구하고 주어진 본문으로 설교하라는 부탁을 받는 것은 대단히 까다롭지만 유익한 훈련이다. 이를 통해 전체 본문을 주의 깊게, 그리고 불평하지 않고 연구하는 훈련을 해볼 수 있다!

둘째, 올 소울스의 설교는 대개 30분에서 35분 길이이며 회중도 그렇게 기대한다. 따라서 앞의 설교가 당신이 당신의 교회에서 기대하는 설교보다 조금 더 길고 무겁게 느껴진다면 원래의 맥락을 이해해 달라! 때에 따라 내용을 나눠서 몇 주에 걸쳐서 여러 편의 설교로 할 수도 있을 것이다.

셋째, 올 소울스에 출석하는 이들 중 다수는 국적이나 문화는 매우 다양하지만 이미 기독교 신자들이다. 우리는 회중 안에 그리스도인이 아닌 사람이 있을 수도 있음을 언제나 의식하고 있다. 어떤 이들은 교인의 초대를 받고 온 손님일 것이며 다른 이들은 그저 호기심을 느껴 찾아온 방문자일 것이다. 따라서 우리는 설교에 복음 전도의 도전과 초대를 포함하려고 노력한다. 하지만 올 소울스의 일반적인 강해 설교 사역에서는 (이웃 초청 예배나 비슷한 행사를 할 때를 제외하면) 일차적으로 전도에 초점을 맞추고 있지는 않다. 신자를 가르치고 믿음 안에서 자라게 하고, 성경의 이해를 심화하며, 적절한 적용을 통해 그들이 세상 안에서 사명을 잘 감당하도록 권면하고 훈련하는 것을 더 강조한다. 따라서 "십자가"를 중심으로 한 나의 설교를 통해 복음 전도의 요소가 선명히 부각되기를 바라지만, 주된 목적은 그리스도인들이 갈보리에서 부어진 하나님의 사랑과 은총을 더 깊이 이해하도록 하며, 복음서 기자들이 이 사건을 그토록 단순하게 묘사하고 있지만 동시에 구약성경의 많은 구절을 메아리처럼 들려주고 있음을 교인들이 이해할 수 있도록 돕는 것이었다. 복음서 기자들이 묘사하는 바를 바라보고 해석하는 렌즈를 제공하는 것은 바로 성경이었기 때문이다.

나의 설교 준비

내가 하는 모든 설교가 그렇듯이 설교 준비는 성경 본문 전체와 그 본문의 더 광범위한 맥락을 여러 차례 반복해서 주의 깊게 읽는 것으로부터 시작되었다. 나는 대개 몇 가지 다른 영어 번역본으로 본문을 읽으려고 하지만 대개는 헬라어 신약성경도 함께 읽는다. 예수의 고난과 죽음 이야기처럼 성경 본문이 우리에게 매우 익숙할 때 "전에도 이 본문을 읽은 적이 있어"라고 생각하며 대충 읽고 넘어가려고 하지 않는 것이 중요하다. 헬라어 본문을 읽을 때는(물론 그럴 수 있다면!) 당신이라면 이 본문을 어떻게 다르게 번역했을지, 또한 다르게 번역할 만한 이유가 무엇인지 생각해볼 수밖에 없다.

나는 이 본문을 처음으로 읽고 있다고 상상하면서, 나에게 놀랍거나 이상하거나 설명이 필요하다고 느껴지는 것이 무엇인지 생각하면서 읽으려고 노력한다. 그리고 본문을 읽고 다시 읽으면서 머릿속으로 계속해서 기도한다. 하나님께 내가 이 본문에서 무엇을 보기를 원하시는지 성령을 통해 보여 달라고 간구하며, 내가 듣기를 원하시는 바를 듣고 설교할 때 내가 말하기를 원하시는 바를 깨닫게 해달라고 간구한다.

이 연구를 위해 내가 사용하는 성경에 반복해서 등장하는 단어에 밑줄을 긋기도 하고, 연관성을 발견한 대로 선을 그리기도 하며, 여백에 메모하기도 한다. 그리고 성경 읽기 단계에서 깨달은 내용을 적어두는 설교 준비 노트도 이용한다. 나의 설교 준비 노트(여러 해 동안 여러 권을 사용했다)는 작고 얇으며 (A5보다 약간 더 크다), 따라서 설교하기 전에 여러 주 동안 여행을 하더라도 성경과 함께 쉽게 가지고 다닐 수 있으며 생각이 떠오를 때마다 그 내용을 바로 적어둘 수 있다.

본문 연구의 초기 단계에서는 본문의 내적 구조와 저자가 강조하는 핵심 논점, 명백한 경향, 대조, 비교, 결론을 파악하려고 노력한다. 나는 이 단계에서 설교 준비에 필요한 어려운 일이 이뤄진다고 생각한다. 본문을 계속해서 곱씹으며 본문 '안'과 '이면'을 들여다보려고 노력하는 단계다.

신약 본문, 특히 복음서 본문에는 거의 언제나 구약성경의 메아리가 존재한다(특히 저자가 자신이 인용하고 있음을 충분히 밝히는 경우). 그중 일부는 곧바로 알아차릴 수 있다. 다른 경우는 성경의 관주를 통해 알 수 있다. 따라서 설교 준비를 위해서는 이 구약 본문도 읽어보아야 하며, 복음서 저자들이 이 본문을 인용하거나 암시하는 이유가 무엇인지 파악해야 한다. 그들은 무슨 생각을 하고 있는가? 저자가 자신이 묘사하는 사건과 복음서 이야기 속 인물이 하는 말을 우리가 어떻게 '바라보기'를 원하는가에 관련해 이 성경 본문이라는 렌즈는 어떤 영향을 미치는가? 나는 배경을 이러한 구약 본문을 파악하고 이에 관한 메모를 적으면서 내 설교에서 이를 언급하고 설명할 것인지, 그래서 회중이 신약 본문에 들어있는 메아리를 듣게 할 것인지, 아니면 너무 주의를 분산시키거나 설교 한 편에 담기에는 너무 많은 내용인지를 판단하려고 노력한다. 이는 결코 판단하기 쉬운 문제가 아니지만, 우리에게 꼭 필요한 훈련이다. 성경 연구를 하면서 특정 본문에 관해 발견한 내용 전부를 설교 한 편에 담을 수는 없다는 것을 기억하라. 사람들이 이해하고 기억할 수 있는 가장 유익한 내용이 무엇인지를 골라내야 한다.

이 과정에서 나는 설교의 대략적 구조에 관한 생각을 메모하기 시작한다. 이것은 본문의 핵심 논점이라고 생각하는 바와 연결되는 짧은 소제목이나 주장이다. 물론 나는 내가 파악한 본문의 핵심 논점이 내 설교의 핵심 논점이 되기를 바란다. 새로운 생각이 떠오를 때마다 수차례 수정이 이뤄질 수도 있다. 기본적으로 나는 짧고(소제목이 너무 많지 않게 하고, 몇 단어만으로 소제목을 만들려고 한다) 기억하기 쉬운 것으로 정리하려고 노력한다.

  그런 다음 나는 해당 본문의 성경 주석을 살펴본다. 어떤 사람은 많은 주석이 있을 것이고, 어떤 사람은 겨우 몇 권만 있을 것이며, 한 권, 심지어는 성경 전체를 다룬 단권 주석만 있는 사람도 있을 것이다. 하지만 양은 중요하지 않다. 중요한 것은 있는 것으로 무엇을 하는가다. 그리고 하지 말아야 하는 것은 주석에서 읽은 내용 전부를 설교에 집어넣으려고 하는 것이다! 주석 읽기는 흥미진진한 일일 수 있으며, 주석을 통해 전에 알지 못했던 바―본문의 배경이나 문화―를 알게 될 것이다. 그러나 당신이 발견한 모든 정보에 관해 판단을 내려야 한다. 이것이 당신이 설교에서 주장하고자 하는 핵심 논점과 연관이 있는가? 그렇지 않은가? 다시 한 번 이것은 훈련과 선택의 문제다. 정말로 도움이 되는 것은 포함할 수 있다. 그저 흥미진진하기만 한 것은 제외해야 한다. 책 한 권에 수없이 다양한 내용을 집어넣을 수 있지만, 당신은 설교의 핵심 목표에 집중해야 한다.

  본문에 관한 주석을 읽으면서 나는 설교 준비 노트에 메모한다. 대개는 주석 저자의 이름과 쪽 번호를 제목으로 삼은 매우 개략적인 메모로서 나중에 다시 읽어보거나 설교에 직접 인용하려고 할 때 다시 참고하기 위함이다. 읽을 수 있을 만큼 읽은 다음에는 다시 한번 성경 본문을 읽고 적어둔 메모를 모두 훑어보면서 설교에 넣을 만한 내용이 있는지 점검한다. 그리고 나중에 놓치지 않도록 그런 내용에는 붉은색 별표를 해

둔다. 앞서 언급했듯이 내가 개략적인 메모로 적어둔 내용 중 다수는 설교에 포함되지 않을 것이다. 하지만 내가 본문을 더 깊이 이해할 수 있도록 도와준다.

그런 다음 (내가 생각하기에) 가장 어려운 단계로 넘어간다. 즉 설교의 개요를 만드는 작업이다. 이 단계에서는 더 많이 기도하면서 머릿속으로 주님께 설교에 관한 생각을 '말씀드리고' 내가, 또한 나를 통해 설교를 듣게 될 사람들이 그분의 말씀을 더 분명히 깨닫게 해달라고 그분께 도움을 구한다. 이 단계에서 나는 한참을 걸어 다니기도 한다! 나한테는 왔다 갔다 하는 것이 생각을 정리하는 데 도움이 된다. 나 혼자만 있으면 생각하는 바를 큰 소리로 말하기도 하는데 역시 생각을 명료하게 하는 데 도움이 된다(이상하게 들린다면 정말로 이상한 것일지도 모른다!). 조금씩 형태가 드러나고, 논점이 분명해지고, 소제목이 떠오르고, 개요 안에 내용을 채워간다. 설교 준비에서 이 과정은 가장 길고 '두려운' 부분인 경우가 많다. 본문에 관해 더 많이 생각하고 더 많이 읽을수록 더 많은 생각이 떠오른다. "내가 이 설교를 어떻게 할 수 있을까? 과연 설교 한 편에 이 모든 것을 다 '포착'해낼 수 있을까? 무엇이 나의 핵심 논점이 되고 이 모든 것을 다 묶어낼 수 있을까?" 이것은 절대 쉽지 않지만, 주께서 당신의 간절한 기도에 응답하기 시작하시고 설교의 구조가 모양을 갖추기 시작할 때는 대단히 만족스러운 기분이다. 왜냐하면, 이 부분이 아마도 설교 준비 과정에서 가장 창의적인 부분일 것이기 때문이다.

그런 다음 대개 (그 작은 설교 준비 노트에) 설교의 초안을 작성한다. 가능하면 최종적인 설교 원고를 쓰기 전에 며칠 동안 초안을 그대로 둔다. 최종 원고는 A5 크기 루스리프에 적어 파일로팩스(Filofax, 영국 문구회사-역주) 설교 노트에 끼운다. 나는 이 노트를 강대상에서 내 성경책 곁에 나란히 둔다.

많은 사람이 지금은 컴퓨터로 작성한 원고나 태블릿 스크린을 보면서 설교한다는 것을 알고 있지만, 나는 손으로 작성한 원고를 보면서 설교하는 것이 가장 잘 맞는 것 같다. 아마도 내 손과 내 눈, 나의 뇌와 나의 입 사이에 어떤 유기적 연결 때문일 것이다! 나의 설교 원고는 전문에 가깝다. 그저 보고 큰소리로 읽기만 하면 될 정도의 원고는 아니지만, 소제목만 적어놓고 실제로 설교를 하면서 머리에 떠오르는 생각으로 채워가는 방식도 아니다.

나는 방향을 잃지 않도록 내가 말하려고 준비한 내용을 잘 알아볼 수 있도록 적어두는 편이다. 하지만 설교에서 여기저기를 확장하거나 강조할 수 있을 정도로 자유롭게 설교하려고 한다. 대개는 성령 하나님이 내가 미리 준비한 것보다 더할 말이 많으시다는 것을 알고 있으며 그런 가능성에 대해 열린 자세를 취하려고 한다.

랭엄 설교 세미나에서 나는 사람들에게 당신이 설교할 때 강단에 세 사람(두 사람은 실제로 존재하며 한 사람은 상상 속에 존재한다)이 있다고 말하곤 한다. 물론 당신이 있다. 당신은 보이는 사람, 사람들이 바라보고 듣는 그 사람이다. 당신은 설교 준비라는 어려운 작업을 다 마쳤고 기도하면서 준비한 메시지가 있는 사람이다. 따라서 분명히, 자신감을 가지고, 겸손히 말하라. 둘째, 성령께서 계시다(나는 그분이 내 왼쪽 어깨 뒤에 계신다고 생각한다). 그분은 당신이 설교하는 말씀의 저자시다. 그 말씀이 기록되고 번역되고 필사되고 인쇄되고 이제 그분의 백성들이 읽을 수 있게 하신 것은 바로 그분이시다. 그리고 그분은 그분의 말씀을 통해, 당신의 말을 매개로 사람들의 마음에 말씀하기를 원하신다. 이 얼마나 놀라운 책임이며 특권인가! 그리고 셋째, 당신이 설교하는 성경 본문의 원저자가 있다. 나는 그가 내 오른쪽 어깨 뒤에 서 있다고 상상한다. 나는 그가 내 설교를 들을 때 동의를 표한다는 뜻으로, 즉 내가 말하고 있는 것이 (대체로) 그가 말하고 싶었던 바라는 데에 동의한다는 뜻으로 고개를 끄덕이기를 바란다(적어도, 그가 "아니, 아니, 아니! 그것은 내가 말하고자 한 바가 전혀 아니야! 말을 닫고 자리에 앉아!"라고 생각하며 절망적으로 고개를 젓는 일은 없기를 바란다).

이제 설교하기 직전에 준비를 위해 해야 할 마지막 작은 행동이 남았다. 설교 전에 찬송가를 부르는 동안 나는 대개 잠시 무릎을 꿇고 기도한다. 나의 기도는 거의 언제나 이런 내용을 담고 있다.

"주님, 이것은 주님의 말씀입니다. 이 사람들은 주님의 백성입니다. 그리고 저는 다음 몇 분 동안 주님의 대변인일 뿐입니다. 주님의 말씀이 살아 움직이게 하옵소서. 내가 분명히 말할

수 있도록 도와주옵소서. 방향을 잃지 않게 하옵소서. 시간을
지킬 수 있게 하옵소서. 주님의 영광을 위해 주님의 일을 하소
서. 그리스도의 이름으로 기도합니다. 아멘."

마
지
막 만
찬

01

마태복음 26장 17~30절

17 무교절의 첫날에 제자들이 예수께 나아와서 이르되 유월절 음식 잡수실 것을 우리가 어디서 준비하기를 원하시나이까

18 이르시되 성안 아무에게 가서 이르되 선생님 말씀이 내 때가 가까이 왔으니 내 제자들과 함께 유월절을 네 집에서 지키겠다 하시더라 하라 하시니

19 제자들이 예수께서 시키신 대로 하여 유월절을 준비하였더라

20 저물 때에 예수께서 열두 제자와 함께 앉으셨더니

21 그들이 먹을 때에 이르시되 내가 진실로 너희에게 이르노니 너희 중의 한 사람이 나를 팔리라 하시니

22 그들이 몹시 근심하여 각각 여짜오되 주여 나는 아니지요

23 대답하여 이르시되 나와 함께 그릇에 손을 넣는 그가 나를 팔리라

24 인자는 자기에 대하여 기록된 대로 가거니와 인자를 파는 그 사람에게는 화가 있으리로다 그 사람은 차라리 태어나지 아니하였더라면 제게 좋을 뻔하였느니라

25 예수를 파는 유다가 대답하여 이르되 랍비여 나는 아니지요 대답하시되 네가 말하였도다 하시니라

26 그들이 먹을 때에 예수께서 떡을 가지사 축복하시고 떼어 제자들에게 주시며 이르시되 받아서 먹으라 이것은 내 몸이니라 하시고

27 또 잔을 가지사 감사 기도 하시고 그들에게 주시며 이르시되 너희가 다 이것을 마시라

28 이것은 죄 사함을 얻게 하려고 많은 사람을 위하여 흘리는 바 나의 피 곧 언약의 피니라

29 그러나 너희에게 이르노니 내가 포도나무에서 난 것을 이제부터 내 아버지의 나라에서 새것으로 너희와 함께 마시는 날까지 마시지 아니하리라 하시니라

30 이에 그들이 찬미하고 감람산으로 나아가니라

개인적 논평
설교를 준비하면서

전반적 맥락

이 본문을 받았을 때 나는 먼저 마태복음 26장 전체를 읽었다. 나는 이 장의 후반부가 예수의 체포와 심문을 다루지만 전반부는 그 직전 이틀간 긴장과 위험이 고조되는 것을 보여주는 여러 장면으로 채워져 있다는 점에 주목했다. 그래서 나는 사람들이 마지막 만찬 장면과 예수의 유명한 말씀이 대단히 어둡고 위협적인 배경 안에 자리 잡고 있음을 볼 수 있도록 도와주기를 원했다. 특히 나는 예수가 제자들과 나누신 마지막 식사에 관한 이야기가 제자들의 죄악된 행동, 즉 그분을 배신하려는 유다의 계획(14~16절)과 베드로가 그분을 부인할 것이라는 예언(31~35절)에 의해 괄호처럼 둘러싸여 있다는 점에 주목했다. 나는 예수의 죽음(그분의 몸과 피)이 바로 이런 종류의 죄를 위한 것임을 보여주기 위해서 마태가 의도적으로 그렇게 했을 것으로 생각한다. 그분의 제자들은 우리와 똑같은 죄인들이었으며, 예수도 이를 아셨다. 우리는 우리 자신

을 그들의 자리에 놓고 우리도 죄 사함이 필요하다는 것을 이해
해야 한다. 그리고 이것이 이 이야기 전체의 핵심 주제다.

마태복음 26:14~16
그 때에 열둘 중의 하나인 가룟 유다라 하는 자가 대제사장들에게 가서
말하되 내가 예수를 너희에게 넘겨 주리니 얼마나 주려느냐 하니 그들
이 은 삼십을 달아 주거늘 그가 그 때부터 예수를 넘겨 줄 기회를 찾더라

마태복음 26:31~35
그 때에 예수께서 제자들에게 이르시되 오늘 밤에 너희가 다 나를 버리
리라 기록된 바 내가 목자를 치리니 양의 떼가 흩어지리라 하였느니라
그러나 내가 살아난 후에 너희보다 먼저 갈릴리로 가리라 베드로가 대
답하여 이르되 모두 주를 버릴지라도 나는 결코 버리지 않겠나이다 예
수께서 이르시되 내가 진실로 네게 이르노니 오늘 밤 닭 울기 전에 네가
세 번 나를 부인하리라 베드로가 이르되 내가 주와 함께 죽을지언정 주
를 부인하지 않겠나이다 하고 모든 제자도 그와 같이 말하니라

유월절에 대한 설명

　　마태의 첫 독자들은 해마다 유월절 기간 중 유대인
의 가정에서 무슨 일이 일어났는지—그들이 어떤 준비를 해야 하
며 어떻게 음식을 마련해야 하는지— 알고 있었을 것이다. 그리고
그들 대부분은 유대인이었을 것이므로 그들의 성경(우리의 구
약)을 통해 해마다 찾아오는 이 행사의 의미도 잘 알고 있었을

것이다. 그러나 오늘날 많은 사람이 이를 알지 못하기에 나는 시간을 조금 할애해 이를 설명하는 것, 즉 다락방에서 무슨 일이 왜 일어났는지를 이해할 수 있도록 돕는 것이 중요하다고 생각했다. 그렇게 함으로써 나는 사람들이 마태가 묘사하는 장면을 상상해 보도록 도울 수 있기를 바랐다.

설교의 두 번째 항목에서 이 사건의 의미를 설명하면서 나는 설교의 마지막 부분까지도 고려했다. 마지막 부분에서 나는 그리스도인들에게 우리도 우리를 구속하신 하나님의 위대한 행위를 기념한다는 것을 상기시키기를 원했으며, 유월절 절기와 성만찬에 참여하면서 우리가 그리스도의 십자가를 기념하는 행위를 연결하고 싶었다. 따라서 나는 듣는 이들이 이 성례전—그 뜻을 제대로 이해하지 못한 채 그저 되풀이하는 교회의 의례가 될 수도 있는—의 심층적인 성경적 의미를 더 잘 이해하도록 도우려고 의도적으로 노력했다.

예수의 말씀

21~29절에서는 예수가 주된 화자이시다. 그분이 하신 말씀에 대해 연구해보니 이 말씀은 세 부분으로 나뉘는 것처럼 보였다.

- 그분이 자신을 배신한 유다에 관해(그리고 그에게) 하신 말씀 (21~25절)

◆ 자신의 몸과 피와 연결해 빵과 포도주에 관해서 하신 말씀
  (26~28절)

◆ 장차 올 성부의 나라의 기쁨에 관해서 하신 말씀 (29절)

따라서 나는 이렇게 세 부분으로 나눠 각각에 대해 시간을 조금씩 할애했다.

당연히 나는 이른바 '제정사'—예수가 빵과 포도주에 관해서 하신 말씀—에 가장 집중했다. 이 말씀은 정기적으로 성만찬을 받는 그리스도인들에게 너무나도 익숙하기에 나는 이 말씀을 본래의 맥락 안에, 즉 유월절 식사 한가운데에 자리 잡게 하고 싶었다. 나는 사람들의 상상력을 자극해 성경이 생기를 얻게 하고, 그들이 '그 장면 안에' 들어있는 것처럼 느끼게 하고, 그때 일어나고 있던 일을 보고 들을 수 있게 해주고 싶었다. 또한 나는 그분의 피에 관한 말씀이 예수가 하신 말씀의 의미를 이해하는 데에 대단히 중요한 구체적인 구약의 본문들을 반향한다는 것을 보여주고 싶었다. 다시 한 번, 성경의 한 부분이 다른 부분을 이해하는 데 도움이 된다면 이를 이용해야 하며 청중도 이런 연관성을 이해할 수 있도록 도와주어야 한다고 나는 생각한다. 따라서 이 부분에서는 가르치고자 하는 목적이 압도적으로 큰 비중을 차지한다.

결론

설교의 결론부에서 나의 목적은 사람들이 성만찬에 참여하는 것이 중요하다는 것을 깨닫도록 돕는 것이었다. 이스라엘 백성이 출애굽을 기념했듯이 우리는 크게 기뻐하며 감사하는 마음으로 십자가라는 역사적인 사건을 기념해야 한다. 이는 모두 위대한 한 이야기―구약과 신약을 포함해 성경이 들려주는 구속의 이야기―의 일부다.

여기서 멈출 수도 있었지만 나는 주어진 본문에 포함된 마지막 세부사항을 그냥 넘겨서는 안 된다고 느꼈다. 즉 30절에 기록된 "이에 그들이 찬미하고 감람산으로 나아가니라"라는 말씀이다. 다시 한 번 강조하자면, 오늘날 많은 그리스도인은 유대인들의 유월절과 그들이 거의 마지막에 대 찬양 시편(Great Hallel)으로 알려진 시편의 한 부분을 낭송했다는 사실을 잘 모르고 있다. 예수와 그분의 제자들이 식사를 마치고 도시를 지나 도시 밖으로 걸어가면서―예수를 체포하기를 원했던 권력자들로 인해 예수가 어떤 위험에 처해 있는지는 알면서도― 함께 이 시편들을 노래했을 것이 거의 확실하다.

그래서 나는 그 시편들(시 113~118편)을 펴고 천천히 읽었다. 예수가 어떤 말씀으로 이 시편들을 말씀하셨을지(노래하셨을지) 상상해 보려고 노력했다. 어떤 감정이 그분의 마음과 생각을 채웠을까? 그분은 성부께 어떤 기도를 부르짖으셨을까? 우리는 겟세마네 동산에서 그분이 어떤 기도를 하셨는지 알고 있지만, 그분은 이 시편의 말씀으로 그분의 생각을 이미 가득 채우셨다. 그리고 그렇게 하는 동안 나에게 몇 가지 생각이 떠올랐고 나는 이 생각을 가지고 설교의 결론부를 작성했다. 나는 마태가 마지막 만찬에 대한 이야기를 마무리하는 것과 동일한 방식으로 설교를 마무리하고 있다는 생각이 들었다.

시편 113편

할렐루야, 여호와의 종들아 찬양하라 여호와의 이름을 찬양하라

이제부터 영원까지 여호와의 이름을 찬송할지로다

해 돋는 데에서부터 해 지는 데에까지

여호와의 이름이 찬양을 받으시리로다

여호와는 모든 나라보다 높으시며

그의 영광은 하늘보다 높으시도다

여호와 우리 하나님과 같은 이가 누구리요

높은 곳에 앉으셨으나

스스로 낮추사 천지를 살피시고

가난한 자를 먼지 더미에서 일으키시며

궁핍한 자를 거름 더미에서 들어 세워

지도자들 곧 그의 백성의 지도자들과 함께 세우시며

또 임신하지 못하던 여자를 집에 살게 하사 자녀들을

즐겁게 하는 어머니가 되게 하시는도다 할렐루야

시편 114편

이스라엘이 애굽에서 나오며 야곱의 집안이

언어가 다른 민족에게서 나올 때에

유다는 여호와의 성소가 되고 이스라엘은 그의 영토가 되었도다

바다가 보고 도망하며 요단은 물러갔으니

산들은 숫양들 같이 뛰놀며 작은 산들은 어린 양들 같이 뛰었도다

바다야 네가 도망함은 어찌함이며 요단아 네가 물러감은

어찌함인가

너희 산들아 숫양들 같이 뛰놀며 작은 산들아

어린 양들 같이 뛰놂은 어찌함인가

땅이여 너는 주 앞 곧 야곱의 하나님 앞에서 떨지어다

그가 반석을 쳐서 못물이 되게 하시며 차돌로

샘물이 되게 하셨도다

시편 115편

여호와여 영광을 우리에게 돌리지 마옵소서

우리에게 돌리지 마옵소서 오직 주는 인자하시고

진실하시므로 주의 이름에만 영광을 돌리소서

어찌하여 뭇 나라가 그들의 하나님이 이제 어디 있느냐

말하게 하리이까

오직 우리 하나님은 하늘에 계셔서 원하시는 모든 것을

행하셨나이다

그들의 우상들은 은과 금이요 사람이 손으로 만든 것이라

입이 있어도 말하지 못하며 눈이 있어도 보지 못하며

귀가 있어도 듣지 못하며 코가 있어도 냄새 맡지 못하며

손이 있어도 만지지 못하며 발이 있어도 걷지 못하며

목구멍이 있어도 작은 소리조차 내지 못하느니라

우상들을 만드는 자들과 그것을 의지하는 자들이

다 그와 같으리로다

이스라엘아 여호와를 의지하라 그는 너희의 도움이시요

너희의 방패시로다

아론의 집이여 여호와를 의지하라 그는 너희의 도움이시요

너희의 방패시로다

여호와를 경외하는 자들아 너희는 여호와를 의지하여라

그는 너희의 도움이시요 너희의 방패시로다

여호와께서 우리를 생각하사 복을 주시되

이스라엘 집에도 복을 주시고 아론의 집에도 복을 주시며

높은 사람이나 낮은 사람을 막론하고

여호와를 경외하는 자들에게 복을 주시리로다

여호와께서 너희를 곧 너희와 너희의 자손을

더욱 번창하게 하시기를 원하노라

너희는 천지를 지으신 여호와께 복을 받는 자로다

하늘은 여호와의 하늘이라도 땅은 사람에게 주셨도다

죽은 자들은 여호와를 찬양하지 못하나니

적막한 데로 내려가는 자들은 아무도 찬양하지 못하리로다

우리는 이제부터 영원까지 여호와를 송축하리로다 할렐루야

시편 116편

여호와께서 내 음성과 내 간구를 들으시므로

내가 그를 사랑하는도다

그의 귀를 내게 기울이셨으므로 내가 평생에 기도하리로다

사망의 줄이 나를 두르고 스올의 고통이 내게 이르므로

내가 환난과 슬픔을 만났을 때에

내가 여호와의 이름으로 기도하기를

여호와여 주께 구하오니 내 영혼을 건지소서 하였도다

여호와는 은혜로우시며 의로우시며

우리 하나님은 긍휼이 많으시도다

여호와께서는 순진한 자를 지키시나니

내가 어려울 때에 나를 구원하셨도다

내 영혼아 네 평안함으로 돌아갈지어다

여호와께서 너를 후대하심이로다

주께서 내 영혼을 사망에서, 내 눈을 눈물에서,

내 발을 넘어짐에서 건지셨나이다

내가 생명이 있는 땅에서 여호와 앞에 행하리로다

내가 크게 고통을 당하였다고 말할 때에도 나는 믿었도다

내가 놀라서 이르기를 모든 사람이 거짓말쟁이라 하였도다

내게 주신 모든 은혜를 내가 여호와께 무엇으로 보답할까

내가 구원의 잔을 들고 여호와의 이름을 부르며

여호와의 모든 백성 앞에서 나는 나의 서원을

여호와께 갚으리로다

그의 경건한 자들의 죽음은 여호와께서 보시기에

귀중한 것이로다

여호와여 나는 진실로 주의 종이요

주의 여종의 아들 곧 주의 종이라 주께서 나의 결박을 푸셨나이다

내가 주께 감사제를 드리고 여호와의 이름을 부르리이다

내가 여호와께 서원한 것을 그의 모든 백성이 보는 앞에서

내가 지키리로다

예루살렘아, 네 한가운데에서

곧 여호와의 성전 뜰에서 지키리로다 할렐루야

시편 117편

너희 모든 나라들아 여호와를 찬양하며

너희 모든 백성들아 그를 찬송할지어다

우리에게 향하신 여호와의 인자하심이 크시고

여호와의 진실하심이 영원함이로다 할렐루야

시편 118편

너희 모든 나라들아 여호와를 찬양하며

너희 모든 백성들아 그를 찬송할지어다

우리에게 향하신 여호와의 인자하심이 크시고

여호와의 진실하심이 영원함이로다 할렐루야

마지막 만찬

마태복음 26장 17~30절 [1]

그들이 먹을 때에 예수께서 떡을 가지사 축복하시고 떼어 제자들에게 주시며 이르시되, "받아서 먹으라. 이것은 내 몸이니라" 하시고 또 잔을 가지사 감사 기도 하시고 그들에게 주시며 이르시되, "너희가 다 이것을 마시라. 이것은 죄 사함을 얻게 하려고 많은 사람을 위하여 흘리는 바 나의 피 곧 언약의 피니라. 그러나 너희에게 이르노니 내가 포도나무에서 난 것을 이제부터 내 아버지의 나라에서 새것으로 너희와 함께 마시는 날까지 마시지 아니하리라" 하시니라.

(마 26:26~29)

이 본문에서 예수가 하신 말씀은 수세기에 걸쳐 전 세계 그리스도인들에게 가장 소중하고 가장 잘 알려진 말씀 중 하나일 것이다. 이것은 그분이 우리가 성만찬이나 감사성찬례나 주의 만찬이라고 부르는 것을 제정하시며 하신 말씀이다. 하지만 나는 우리가 이 말씀이 자리 잡고 있는 맥락 속에서 이 말씀을 들어야 한다고 생각한다.

이 말씀은 마태복음의 가장 긴 장의 한가운데에 자리 잡고 있다. 마태복음 26장의 후반부에서는 예수의 체포와 재판을 묘사한다. 전반부는 직전 이틀 동안 고조되는 긴장으로 가득 차 있다. 마태가 빠른 속도로 서술하는 사건의 순서를 살펴보라. 다음 사건들이 차례로 이어진다.

- 살인 모의 (1~5절)
- 장례를 위한 기름부음 (6~13절)
- 배신을 위한 흥정 (14~16절)
- 부인의 예고 (17~30절)
- 기념을 위한 준비 (17~30절)
- 강렬한 개인적 투쟁 (36~46절)

따라서 예수가 빵과 포도주에 관해 하시는 이 말씀은 한편으로는 배신의 말과 다른 한편으로는 부인의 말로 둘러싸여 있다. 이 말씀은 예수의 입술에서 흘러나온 가장 아름다운 말씀, 생명을 내어주는 자기희생과 사랑의 말씀, 우리가 그토록 자주 반복하게 될 말씀이다. 하지만 이 말씀은 유다의 입에서 나온 기만의 말과 베드로에게서 나온 부인과 교만의 말 사이에 배치되어 있다.

우리는 바로 이런 어두운 배경, 죄로 가득한 틀 속에서 이 소중한 예수의 구속하시는 말씀을 바라보아야 한다. 왜냐하면, 여전히 그것이 우리가 사는 세상의 현실이기 때문이다. 이 것은 예수의 죽음을 필수적으로 만든 그런 종류의 죄다. 그런 죄의 악을 알기에 우리는 예수의 말씀을 반복할 때마다 우리가 기리는 그 사건이 얼마나 소중한가를 안다.

이 본문을 살펴보면서 나는 먼저 상황을 설명함으로써 실제로 일어난 일을 상상할 수 있도록 돕고자 한다. 둘째로, 제자들이 기린 그 사건의 의미에 관해 생각해보고자 한다. 셋째로, 예수가 하신 말씀의 의미에 관해 숙고하고자 한다. 마지막으로, 이 말씀이 오늘 우리에게 무엇을 의미하는지 묻고자 한다.

상황 설명

먼저 마태가 설명하는 상황을 살펴보자.

무교절의 첫날에 제자들이 예수께 나아와서 이르되, "유월절 음식 잡수실 것을 우리가 어디서 준비하기를 원하시나이까?" 이르시되, "성안 아무에게 가서 이르되, '선생님 말씀이 내 때가 가까이 왔으니 내 제자들과 함께 유월절을 네 집에서 지키겠다 하시더라' 하라" 하시니, 제자들이 예수께서 시키신 대로 하여 유월절을 준비하였더라.

(마 26:17~19)

때는 일주일 동안 계속되는 무교절 직전의 유월절 하루 이틀 전이었다. 그리고 이때는 일 년 중 예루살렘에서 폭동이 가장 일어나기 쉬운 시기였다. 유월절에는 예루살렘이 언제나 사람들로 북적거렸다. 그리고 점령 세력인 로마인들은 유월절마다 반복적으로 발생했던 테러 활동 가능성에 대비해 적색경보를 내렸다. 한편 유대인 지도자들은 현상 유지에 대한 위협으로 간주되는 모든 요소를 진압하려고 노력했다. 실제로 며칠 전에는 예수라는 이름의 나사렛 출신 예언자가 종려나무 가지를 흔들며 환호하는 군중의 환영을 받으며 나귀를 타고 예루살렘에 들어오기도 했다. 이 모두가 유대 민족주의를 자극하는 잠재적 상징이었다. 예수는 지명 수배된 인물이었다. 그의 목에는 이미 현상금이 걸려 있었으며, 그는 여차하면 체포될 위험에 빠져 있었다.

바로 그때 예수는 어디에 있었을까? 그는 그 주간에 베다니에서 머물렀다. 베다니는 예루살렘 바깥 계곡 건너편, 감람산 맞은편에 있는 작은 마을이었다. 그곳에서 예수는 친구들의 집에서 지내시거나 다른 많은 순례자와 함께 감람산 비탈에서 숙영하셨을 수도 있다. 유월절이 다가오자 제자들은 "우리가 예수님과 함께 이 명절을 지킬 수 있을까?"라며 궁금해하기 시작했을 것이다. 왜냐하면, 이런 것에 관한 규칙이 있었기 때문이다. 예루살렘 성벽 안에서, 성전에서 의례적으로 도축된 양만 사용해 유월절 식사를 해야 했다. 하지만 예수가 공개적으로 밖에 나가는 것이 위험한 상황에서 그들이 도성 안으로 어떻게 들어갈 수 있단 말인가?

예수가 이 모든 문제를 미리 해결해두셨다. 마가복음을 통해 그분이 미리 준비를 해주셨음을 알 수 있다. 그분의 친구 하나가 예루살렘에 집이 있었으며, 그 집에는 예수가 열두 제자들과 함께 식사를 하실 정도로 넓은 다락방이 있었다. 그래서 그들은 거기서 모이기로 약속했다. 제자들은 여러 가지 준비를 위해 그날 아침에 예루살렘으로 출발했을 것이고 예수는 저녁에 그들과 만나기로 하셨을 것이다.

마태는 그저 "제자들이 … 유월절을 준비하였더라"라고 말한다(19절). 매우 간단한 것처럼 들린다. 내가 오랫동안 학장으로 봉직했던 올 네이션스 크리스천 칼리지(All Nations Christian College)에서는 부활절 때마다 학교 전체가 유월절 식사를 한 다음 주의 만찬을 행한다. 부엌에서 일하는 사람들이 음식 재료를 구입하고 만찬 준비를 하는 데 온종일 걸렸던 것을 나는 잘 기억하고 있다. 제자들도 마찬가지였을 것이다.

예루살렘 군중 사이로 바삐 움직이던 제자들의 모습을 상상해보라. 그들은 시장으로 가서 이집트에서 히브리인들이 겪었던 고난을 기억하게 해줄 쓴 나물을 사야 했다. 과일과 사과, 대추, 석류, 견과류를 구입한 다음 한데 갈아서 이스라엘 백성이 벽돌을 만드는 재료였던 진흙을 닮은 반죽을 만들어야 했다. 온 집안을 뒤져 혹시라도 있을지 모르는 누룩을 제거해야 했다. 그런 다음 누룩을 넣지 않고 만든 빵—납작한 무교병—을 구웠을 것이다. 흘렸던 눈물을 상징하는 소금물도 만들어야 했다. 만찬 때 나누어 마실 포도주 네 잔도 필요했다. 물론 그런 다음에는 성전에서 양을 사와서 도살한 다음 저녁 식사를 위해 구워야 했다. 그리고 음식 준비를 마친 다음에는 그 큼직한 다락방에서 식사할 준비를 해야 했다. 방 한가운데 낮은 식탁 혹은 바닥에 깔린 깔개 위에 모든 음식을 차려 놓고, 식탁 주위에 U자 대형으로 방석을 놓았을 것이다. 사람들은 바닥에 비스듬히 누워 한쪽 팔꿈치를 방석에 기댄 채 가운데 식탁 위에 놓인 음식을 먹었을 것이다.

　제자들은 이 모든 것을 준비하느라 분주한 하루를 보냈을 것이다. 유월절은 바쁜 때였다.

만찬

　　　하지만 이 모든 것의 목적은 무엇이었을까? 이 만찬의 의미는 무엇이었을까? 물론 이 절기는 유월절이었다. 이스라엘 백성의 출애굽을 기념하며 해마다 이를 기억하는 잔치였다(출 1~15장). 어떻게 하나님이 자신들의 조상들을 노예 상태로부터, 이집트에서 당하던 압제로부터 구원하셨는지를 이스라엘 백성이 기념하는 때였다. 수백 년 전에 야곱/이스라엘 가족은 기아 난민으로 이집트에 내려갔지만, 수세기가 흐른 후 그들은 규모가 큰 소수인종 이민자 집단을 이뤘다. 소수인종 이민자들이 흔히 그렇듯이 박해와 억압을 당했으며 노예 노동을 강요당했다. 하지만 하나님이 그들에게 무슨 일이 일어나고 있는지 보셨고 그들을 구하기 위해 행동하셨다.

하나님을 기리다

유월절에 이스라엘 백성은 그들의 하나님을 기렸다. 그들은 수백 년 전 하나님이 그들을 위해 행하신 일을 기념했다. 그들은 하나님의 성품을 기렸다. 출애굽기 2장 23~25절을 읽어보라.

> 여러 해 후에 애굽 왕은 죽었고 이스라엘 자손은 고된 노동으로 말미암아 탄식하며 부르짖으니 그 고된 노동으로 말미암아 부르짖는 소리가 하나님께 상달된지라. 하나님이 그들의 고통 소리를 들으시고 하나님이 아브라함과 이삭과 야곱에게 세운 그의 언약을 기억하사, 하나님이 이스라엘 자손을 돌보셨고 하나님이 그들을 기억하셨더라.

그들이 기렸던 하나님은 폭정으로부터 그들을 건져내신 긍휼의 하나님, 정의의 하나님, 약속을 신실하게 지키시는 하나님이었다. 따라서 해마다 유월절에 이스라엘 백성은 하나님의 성품과 행동을 기렸다. 예수와 그분의 제자들 역시 이를 기릴 것이다. "이분이 바로 우리가 예배하는 하나님이시다. 이분이 바로 우리 언약의 하나님이시다. 이분이 바로 우리를 노예 상태에서 구해내시고 우리를 그분의 백성으로 삼으신 하나님이시다"라고 그들은 말했다.

어린 양의 피를 기리다

물론 그게 다가 아니었다. 유월절은 출애굽기 12장에 기록된 이 이야기의 특별한 한순간을 기억하는 절기였다. 출애굽의 밤에 하나님은 바로와 이집트 사람들 모두에게 열 번째 마지막 재앙—장자의 죽음—을 내리셨다. 하지만 하나님은 이스라엘 백성에게 어린 양을 죽여서 그 제물의 피를 문틀에 뿌림으로써 이 재앙에 대비하라고 경고하셨다. 그날 밤 하나님의 천사가 찾아왔을 때 히브리인들의 집은 '넘어가고' 그들의 맏아들은 죽이지 않을 것이라고 말씀하셨다. 이렇게 제물로 바쳐진 어린 양의 피가 그들을 죽음으로부터 보호했으며, 이튿날 아침 모든 이스라엘 가정이 잠에서 깨어났을 때, 어린 양이 그들을 대신해 죽임을 당했기 때문에 자기네 맏아들이 살아 있음을 깨달았다. 그들을 죽음에서 건져낸 것은 어린 양의 희생이었다. 그들은 유월절 어린 양의 피 덕분에 하나님의 진노로부터 살아남았다. 이것이 출애굽을 기억하고 유월절 어린 양을 기억하기 위해 해마다 그들이 기렸던 유월절이었다.

미래에 대한 소망을 기리다

당연히 그들은 크게 기뻐하며 이를 기렸다. 유월절은 하나님이 베푸신 구원에 대해 그분께 감사하는 절기였기 때문이다. 이뿐만 아니라 그들은 큰 갈망을 품고 이 절기를 지켰다. 수세기 동안 이스라엘 백성은 자기네 땅에서 사는 동안에도 여전히 포로 생활을 하는 것처럼 느꼈다. 망명 생활이 끝나지 않은 것처럼 느꼈다. 여전히 압제자들의 지배를 받는 것처럼 느꼈으며, 실제로 로마인들의 지배를 받고 있었다. 그들은 여전히 자신들의 죄에 대한 하나님의 심판을 경험하고 있는 것처럼 느꼈다. 따라서 유월절을 지킬 때마다 그들은 하나님이 그들을 구원하기 위해 다시 한 번 찾아오시기를 갈망했다. 그들에게 자유와 용서를 가져다줄 새로운 '출애굽'을 갈망했다.

따라서 유월절은 하나님이 그들의 역사 속에서 행하신 바를 뒤돌아보는 동시에 소망과 기대를 품고 하나님이 참으로 왕이 되실 때 행하실 일을 내다보는 절기였다.

이것이 유월절이었으며, 이것이 예수와 그분의 제자들이 기념하기 위해 준비했던 절기였다. 민족의 토대가 마련된 사건과 그들이 마음속에 품고 있는 미래에 대한 갈망을 기억하는 절기였다.

예수의 말씀 듣기

우리는 식사가 한창 진행 중일 때 예수가 하신 말씀을 읽게 된다. 먼저 20~25절에는 그분을 배신한 사람에 관한 말씀이 기록되어 있다. 둘째, 26~28절에는 그분의 몸과 피에 관한 예수의 말씀이 기록되어 있다. 셋째, 놀랍게도 29절에는 미래에 있을 잔치에 관한 말씀이 기록되어 있다. 이 말씀들에 대해 차례로 생각해보자.

그분의 배신자에 관한 말씀

(20~25절)

저물 때에 예수께서 열두 제자와 함께 앉으셨더니 그들이 먹을 때에 이르시되, "내가 진실로 너희에게 이르노니, 너희 중의 한 사람이 나를 팔리라" 하시니, 그들이 몹시 근심하여 각각 여짜오되, "주여 나는 아니지요." 대답하여 이르시되, "나와 함께 그릇에 손을 넣는 그가 나를 팔리라. 인자는 자기에 대하여 기록된 대로 가거니와 인자를 파는 그 사람에게는 화가 있으리로다. 그 사람은 차라리 태어나지 아니하였더라면 제게 좋을 뻔하였느니라." 예수를 파는 유다가 대답하여 이르되, "랍비여 나는 아니지요" 대답하시되, "네가 말하였도다" 하시니라.

(마 26:20~25)

시간이 되었다. 그들은 가운데 식탁 주위에 비스듬히 누워 있었다. 식사가 진행 중이고 왁자지껄 대화가 이어지는 가운데 갑자기 예수께서 이런 놀라운 말씀을 하신다. "너희 중 하나가 나를 배신할 것이다. 친구들이여, 우리 중에 반역자가 있구나."

이 말씀을 듣고 그들이 받았을 충격과 갑작스러운 침묵을 상상해볼 수 있겠는가? '방금 뭐라고 말씀하신 거지?' 그들은 도무지 믿기지 않는 말씀에 충격을 받았다. 그런 다음 그들은 저마다 의문과 항의를 표하기 시작했다. "주님, 저를 두고 하신 말씀은 아니죠? 주님, 저는 아닙니다!"

나는 23절에 예수가 NIV의 번역—"그릇에 손을 넣은 그 사람"—처럼 대답하지는 않으셨을 것으로 생각한다. 왜냐하면, 이미 그들 모두가 그릇에 손을 넣었기 때문이다. 공동의 식탁에서 유월절 식사를 할 때 모두가 그릇에 손을 넣었다. 예수의 말씀은 "나의 친구들이여, 여기서 우리와 함께 식사하는 누군가, 우리와 함께 음식에 손을 담그며 우리와 함께 이 거룩한 언약의 식사를 나누는 누군가, 바로 여기에 있는 우리 중 한 사람이 나를 배신할 것이다"라는 뜻이다. 그들이 받았을 충격을 상상해보라!

그런 다음 24절에서 예수는 그 순간 일어나고 있는 일의 심오한 신비에 관해 이렇게 말씀하신다. "인자[자신을 가리키시는 말씀]는 자기에 대하여 기록된 대로 가거니와." 다시 말해서, 그분의 죽음은 하나님이 항상 계획하신 그대로 이뤄질 것이다. "인자를 파는 그 사람에게는 화가 있으리로다. 그 사람은 차라리 태어나지 아니하였더라면 제게 좋을 뻔하였느니라." 다시 말해서, 예수의 죽음은 하나님의 뜻과 목적에 따른 것이지만 그분을 배신할 사람은 그가 한 일에 대해 개인적으로 도덕적 책임을 지게 될 것이다.

그러나 다음 절인 25절에서 우리는 유다가 줄에 매달려 하나님께 조종당하는 꼭두각시가 아님을 분명히 알 수 있다. 유다 역시 다른 제자들처럼 예수께 "랍비여, 나는 아니지요?"라고 말한다. 그는 당국자들에게 예수를 팔아넘기기로 이미 약속하고 은 삼십을 받아둔 상태였다. 예수의 머리에는 현상금이 걸려 있었으며, 유다는 이미 그 돈을 받았다. 유다에 관한 한 예수는 이미 "팔린" 상태였다. 하지만 여전히 그는 예수 앞에서 뻔뻔한 모습을 보이고 있다. 그리고 예수는 그에게 "네가 그렇게 말했다. 그것은 너의 입에서 나온 너의 말이다"라고 말씀하신다.

여기서 마태가 기록한 바와 요한복음 13장 21~30절에서 요한이 이 순간에 관해 서술하는 바를 결합해보면, 이것이 한쪽에는 예수와 유다, 다른 한쪽에는 요한 사이에서 이뤄진 사적 대화의 일부임이 분명해진다. 이 말이 세 사람 사이에 이뤄진 사적 대화인 것이 거의 확실하다. 두 사람은 귓속말처럼 이 말을 주고받았다. 하지만 이것이 무엇을 의미하는지 알겠는가? 우리는 만찬이 어떻게 배치되었는지를 기억해야 한다. 레오나르도 다 빈치의 유명한 그림 최후의 만찬이 바로 떠오를 것이다.

요한복음 13:21~30

예수께서 이 말씀을 하시고 심령이 괴로워 증언하여 이르시되 내가 진실로 진실로 너희에게 이르노니 너희 중 하나가 나를 팔리라 하시니 제자들이 서로 보며 누구에게 대하여 말씀하시는지 의심하더라 예수의 제자 중 하나 곧 그가 사랑하시는 자가 예수의 품에 의지하여 누웠는지라 시몬 베드로가 머릿짓을 하여 말하되 말씀하신 자가 누구인지 말하라 하니 그가 예수의 가슴에 그대로 의지하여 말하되 주여 누구니이까 예수께서 대답하시되 내가 떡 한 조각을 적셔다 주는 자가 그니라 하시고 곧 한 조각을 적셔서 가룟 시몬의 아들 유다에게 주시니 조각을 받은 후 곧 사탄이 그 속에 들어간지라 이에 예수께서 유다에게 이르시되 네가 하는 일을 속히 하라 하시니 이 말씀을 무슨 뜻으로 하셨는지 그 앉은 자 중에 아는 자가 없고 어떤 이들은 유다가 돈궤를 맡았으므로 명절에 우리가 쓸 물건을 사라 하시는지 혹은 가난한 자들에게 무엇을 주라 하시는 줄로 생각하더라 유다가 그 조각을 받고 곧 나가니 밤이러라

예수가 이 식사의 주인이셨다. 그래서 그분은 U자 모양의 꼭대기 무리의 가운데에서 비스듬히 누워계셨을 것이다. 그리고 한쪽으로는 그분의 오른쪽에 요한이 그분의 가슴 가까이에 기대어 있었다. 그 자리는 가장 영예로운 자리였다. 하지만 다른 쪽에는 누가 있었을까? 그분의 왼쪽에는 유다가 자리를 잡고 있었다. 오른쪽에는 요한이, 왼쪽에는 유다가 있었다. 가장 영예로운 자리였던 주인의 바로 옆 자리, 그 당시 잔치에 초대를 받았다면 누구든지 그 자리에 앉고 싶어 했을 것이다. 사람들은 누가 주인의 오른쪽과 왼쪽에 앉을 것인가에 관해 논쟁하곤 했다.

따라서 요한이 기록한 대화를 통해 예수는 이 마지막 만찬 때 유다에게 영예로운 자신의 옆자리를 주셨다는 것을 알 수 있다. 그때라도 마음을 바꿀 기회를 주심으로써 그를 향한 그분의 사랑을 보여주셨던 것으로 보인다. 예수는 유다에게 무슨 일이 일어날 것인지, 유다가 어떤 마음을 품고 있는지 자신이 이미 알고 있다고 분명히 말씀하셨다. 하지만 그 순간에도

유다는 마음 바꾸기를 거부했다. 그는 영예와 기회를 거부했으며, 마음이 굳어져서 자신이 이미 결심한 바를 행하기 위해 밖으로 나갔다. 다른 제자들은 예수와 유다 사이의 대화를 듣지 못했을 것이며 그를 제지하려고 하지도 않았을 것이다. 그들 중에 배신자가 있다는 말씀 자체를 도무지 받아들일 수 없었고, 유다가 주를 팔아넘길 계략을 꾸미러 나갈 때도 그에 관해 전혀 의심하지 않았다(요 13:28~30).

그분의 몸과 피에 관한 말씀

(26~28절)

그런 다음 식사는 계속되었고 제자들은 당혹스러워하며 서로 대화를 나눴을 것이다. 그리고 26~28절에는 예수가 자신의 몸과 피에 관해 하신 말씀이 기록되어 있다. 이 말씀은 더 큰 충격을 가져다주었다.

> 그들이 먹을 때에 예수께서 떡을 가지사 축복하시고 떼어 제자들에게 주시며 이르시되, "받아서 먹으라. 이것은 내 몸이니라" 하시고, 또 잔을 가지사 감사 기도 하시고 그들에게 주시며 이르시되, "너희가 다 이것을 마시라. 이것은 죄 사함을 얻게 하려고 많은 사람을 위하여 흘리는 바 나의 피 곧 언약의 피니라."
>
> (마 26:26~28)

떡

우리는 이것이 전통적인 식사였음을 이해해야 한다. 유월절에는 해야 할 말과 행해야 할 행동으로 이뤄진 예전이 있었다. 그리고 특정한 시점에 주인이 무교병을 떼고 바로 이어서 축복이나 감사의 말을 한다. "땅에서 빵을 내시는 우주의 왕주 우리 하나님을 찬양하나이다." 이것이 바로 마태가 "축복하시고 …"라고 말할 때 예수가 하셨을 말씀이다. 그런 다음 대개 주인은 "이것은 우리 조상들이 먹었던 고난의 빵입니다"라고 말했다. 다시 말해서, "이 빵은 수백 년 우리가 이집트에서 노예 생활을 하며 당했던 고통을 상징합니다."

하지만 예수가 이 빵을 떼시고 감사를 드리신 다음 전혀 다른 충격적인 말씀을 하신다. 그분은 "받아서 먹으라. 이것은 내 몸이니라"(그리고 누가와 바울은 예수가 "너희를 위하여 주는"이라고 말씀하셨다고 덧붙인다). 이 말씀은 예수가 자신이 죽임을 당하실 것을 아셨음을 의미한다. 그분은 자신의 몸이 제물로 드려질 것이며, 이 빵이 부서지듯이 자신의 몸도 부서질 것을 아셨다. 그리고 제자들에게 이스라엘 백성이 유월절 어린 양의 희생으로부터 유익을 얻고 함께 유월절 식사를 할 때마다 이를 기억했듯이 그들이 이 빵을 먹을 때 예수의 희생이 주는 혜택을 나눌 것이라고 말씀하셨다.

예수는 "이 빵이 나다. 나는 부서진 빵이다. 나는 새로운 유월절이다. 나는 새로운 출애굽이다. 나는 너희가 갈망하던 구원이다. 하지만 내 몸이 죽어서 너희를 위해 제물로 바칠 것이기 때문에 이 모든 일이 일어날 것이다. 너희를 구속하기 위해 내가 내 생명을 바친다"라고 말씀하신다.

잔

그들이 말씀을 받아들이려고 애쓰는 동안에도 식사는 계속된다. 그리고 아마도 식사가 끝나갈 무렵,

> 또 잔을 가지사 감사 기도 하시고 그들에게 주시며 이르시되, "너희가 다 이것을 마시라. 이것은 죄 사함을 얻게 하려고 많은 사람을 위하여 흘리는 바 나의 피 곧 언약의 피니라."
>
> (마 26:27~28)

유월절 만찬을 나눌 때 포도주 네 잔이 필요했다(지금도 그렇다). 각각은 출애굽기 6장 6~7절에서 하나님이 이스라엘 백성에게 하신 네 가지 약속을 상징한다.

출애굽기 6:6~7

그러므로 이스라엘 자손에게 말하기를 나는 여호와라 내가 애굽 사람의 무거운 짐 밑에서 너희를 빼내며 그들의 노역에서 너희를 건지며 편 팔과 여러 큰 심판들로써 너희를 속량하여 너희를 내 백성으로 삼고 나는 너희의 하나님이 되리니 나는 애굽 사람의 무거운 짐 밑에서 너희를 빼낸 너희의 하나님 여호와인 줄 너희가 알지라

- 나는 이집트 사람들의 무거운 짐에서 너희를 건져낼 것이다.
- 나는 그들의 노예로 살던 너희를 해방시킬 것이다.
- 나는 편 팔과 강력한 심판의 행위로 너희를 속량할 것이다.
- 나는 너희를 내 백성으로 삼을 것이며, 나는 너희의 하나님이 될 것이다.

이 시점에 예수가 드신 잔은 아마도 세 번째 잔이었을 것이다. 그 잔은 "내가 너희를 속량할 것이다"라는 약속에 해당했다. 이 잔과 함께 보통 그들은 식사 후에 하는 전통적인 감사기도를 암송했다. 다시 한 번 예수는 통상적인 유월절 예전을 따라 처음에는 예상되는 말씀을 하셨다. 그분은 "포도나무 열매를 우리에게 주시는 우주의 왕 주 우리 하나님을 찬양하나이다"라는 말씀으로 감사 기도를 하셨다. 그런 다음 제자들이 마시도록 잔을 넘겨주셨을 것이다. 그런데 그때 예수는 "이것은 죄 사함을 얻게 하려고 많은 사람을 위하여 흘리는 바 나의 피 곧 언약의 피니라"라고 말씀하신다.

이 말씀은 우리가 너무나도 자주 들어서 우리에게 대단히 익숙하다. 기독교 신자이며 정기적으로 교회에 출석한다면 우리는 성만찬 예배 때 이 말씀을 수백 번 들었을 것이다. 하지만 그 다락방에서 우울한 유월절 식사를 나누던 이 사람들과 함께 이 말씀을 처음으로 들었다고 상상해보라. 예수가 하신 말씀은 놀랍고 충격적이었다. 자신의 몸을 가리키는 부서진 빵과 마찬가지로 "피"라는 말도 분명히 폭력적인 죽음을 가리켰다.

이들 세 구절에서 예수는 구약의 세 성경 구절을 환기하고
자 하셨음을 이해할 필요가 있다.

- ◆ 나의 피 곧 언약의 피
- ◆ 많은 사람을 위하여 흘리는 바
- ◆ 죄 사함을 얻게 하려고

이 구절의 출처인 세 성경 구절을 함께 살펴보자. 예수는 그
분의 제자들이(그리고 우리가) 불과 몇 시간 후에 일어날 일의
의미를 이해할 수 있도록 도와주려고 이런 말씀을 하셨다. 우
리는 예수가 인용하신 세 성경 구절에 비추어 이 사건, 즉 십
자가 죽음을 바라보아야 한다.

첫째, 언약의 피. 이 구절은 출애굽기 24장 1~11절에서 왔
다. 지금 그 말씀, 특히 6~11절을 읽어보라. 이 말씀은 이스라
엘 백성이 출애굽 이후 시내산에 도착했을 때 하나님이 그들
과 언약을 세우신 것에 관한 이야기다. 이 언약에는 희생제사
가 포함되어 있었다. 모세는 그 제물의 피 중 절반을 취해 (언
약의 한쪽 당사자이신 하나님을 상징하는) 제단에 뿌렸다. 그런 다
음 그는 언약서를 가져다가 백성에게 읽어주었고, 그들은 "여
호와의 모든 말씀을 우리가 준행하리이다"라고 대답했다. 그
런 다음 모세는 제물의 피 나머지 절반을 취해 백성에게 뿌리
며 "이는 여호와께서 이 모든 말씀에 대하여 너희와 세우신

언약의 피[정확히 예수가 하신 말씀]니라"라고 말했다. 그런 다음 모세와 아론, 백성의 장로들은 시내산으로 올라갔다. 그다음에는 그들이 이스라엘의 하나님을 보았고 하나님 앞에서 먹고 마셨다는 놀라운 말씀이 기록되어 있다.

출애굽기 24:6~11

모세가 피를 가지고 반은 여러 양푼에 담고 반은 제단에 뿌리고 언약서를 가져다가 백성에게 낭독하여 들게 하니 그들이 이르되 여호와의 모든 말씀을 우리가 준행하리이다 모세가 그 피를 가지고 백성에게 뿌리며 이르되 이는 여호와께서 이 모든 말씀에 대하여 너희와 세우신 언약의 피니라 모세와 아론과 나답과 아비후와 이스라엘 장로 칠십 인이 올라가서 이스라엘의 하나님을 보니 그의 발 아래에는 청옥을 편 듯하고 하늘 같이 청명하더라 하나님이 이스라엘 자손들의 존귀한 자들에게 손을 대지 아니하셨고 그들은 하나님을 뵙고 먹고 마셨더라

출애굽기 24장의 이야기에 희생 제물과 피, 언약, 하나님 앞에서 나누는 식사가 결합해 등장하고 있다는 것을 이해하겠는가? 그리고 예수는 그것이 바로 이 식사의 의미라고 말씀하신다. 그 본래의 언약 제물과 그 피는 출애굽 이후 하나님과 그분의 백성 사이의 관계를 인쳤다. 그리고 예수는 "이것은 너희와 나 하나님 사이의 관계를 인치는 희생 제사에서 흘리는 내 언약의 피다. 너희 열두 사람, 메시아의 제자들, 너희와 나에 대한 믿음을 통해 너희와 연합하게 될 모든 사람—너희는 새 언약 안에서 사랑의 하나 됨을 통해 영원히 내 것이 될

것이다. 왜냐하면, 내가 너희를 속량하였고 너희는 내 것이기 때문이다"라고 말씀하신다.

둘째, 이 언약의 피가 많은 사람을 위해 흘려진 것이라고 예수는 말씀하신다. 이 구절의 출처는 구약에서 가장 유명한 장 중 하나인 이사야 53장이다. 이 말씀에서 이사야는 장차 와서 자신의 죄가 아니라 우리의 죄 때문에 고난을 당하고 죽으실 주의 종에 관해 말한다. 이사야 53장에서는 주의 종이신 그분이 우리의 허물 때문에 찔리고, 우리의 죄악 때문에 상하시고, 주께서 우리 모두의 죄악을 그분께 담당시키셨다고 말한다. 하지만 그 장 뒷부분에서 하나님은 그분의 종을 신원(伸冤)하고 영화롭게 하실 것이라고 말씀하신다. 왜? 12절을 보라.

> 이는 그가 자기 영혼을 버려 사망에 이르게 하며
> 범죄자 중 하나로 헤아림을 받았음이니라.
> 그러나 그가 많은 사람의 죄를 담당하며
> 범죄자를 위하여 기도하였느니라.
>
> (사 53:12)

이것이 바로 예수가 말씀하신 바다. "이것은 많은 사람을 위해 흘리는 … 나의 피다. 나는 하나님께 순종하는 종으로서 내 죽음을 통해 수많은 다른 이들의 죄를 지기 위해 내 생명을 내어줄 것이다."

셋째, 이 언약의 피는 죄 사함을 얻게 하려고 많은 사람을 위해 흘린 피다. 여기서 예수는 예레미야 31장 31~34절을 염두에 두셨음이 거의 확실하다. 그 구절에서 하나님은 예레미야를 통해 새로운 언약이 있을 것이라고 약속하신다. NIV에서 마태복음 26장 28절에 대한 각주를 보면, 마태복음의 일부 사본에서는 누가복음 22장 20절, 고린도전서 11장 25절(마지막 만찬에 대한 가장 초기의 기록)과 마찬가지로 예수가 "이것은 새 언약의 피니라"라고 기록하고 있음을 알 수 있다.

예레미야 31:31~34

여호와의 말씀이니라 보라 날이 이르리니 내가 이스라엘 집과 유다 집에 새 언약을 맺으리라 이 언약은 내가 그들의 조상들의 손을 잡고 애굽 땅에서 인도하여 내던 날에 맺은 것과 같지 아니할 것은 내가 그들의 남편이 되었어도 그들이 내 언약을 깨뜨렸음이라 여호와의 말씀이니라

그러나 그 날 후에 내가 이스라엘 집과 맺을 언약은 이러하니 곧 내가 나의 법을 그들의 속에 두며 그들의 마음에 기록하여 나는 그들의 하나님이 되고 그들은 내 백성이 될 것이라 여호와의 말씀이니라 그들이 다시는 각기 이웃과 형제를 가리켜 이르기를 너는 여호와를 알라 하지 아니하리니 이는 작은 자로부터 큰 자까지 다 나를 알기 때문이라 내가 그들의 악행을 사하고 다시는 그 죄를 기억하지 아니하리라 여호와의 말씀이니라

누가복음 22:20

저녁 먹은 후에 잔도 그와 같이 하여 이르시되 이 잔은 내 피로 세우는 새 언약이니 곧 너희를 위하여 붓는 것이라

고린도전서 11:25

식후에 또한 그와 같이 잔을 가지시고 이르시되 이 잔은 내 피로 세운 새
언약이니 이것을 행하여 마실 때마다 나를 기념하라 하셨으니

예레미야 31장 31~34절을 읽어보면 이것이 몇 가지 중요
한 요소로 이뤄진 약속임을 알 수 있다. 그러나 핵심, 절정, 이
새 언약에서 하나님이 하신 마지막 위대한 약속은 이것이다.
"내가 그들의 악행을 사하고 다시는 그 죄를 기억하지 아니
하리라." 이것이 바로 예수 시대의 이스라엘 백성이 고대하던
바—하나님이 그들의 죄를 용서하시고 망명을 종식하고 그들을 그분과
의 사귐으로 다시 이끄시는 것—였다. 그리고 예수는 "그 일이 이
뤄질 것이다. 새 언약이 이제 성취될 것이다. 하지만 이것은
나의 죽음을 통해 일어날 것이다. 왜냐하면, 이 죄 사함을 이
루기 위해 내가 피를 흘릴 것이기 때문이다."라고 말씀하신다.
이 놀라운 성경 구절을 결합하심으로써, 예수와 그분의 제
자들이 너무나도 잘 알고 있던 성경 본문을 환기하심으로써,
예수는 제자들에게 바로 그날 해가 지기 전에 일어날 일의 의
미에 대해 설명하셨다. 예수는 죽임을 당할 것이며, 그의 몸이
찢기실 것이고, 그분의 피가 흘려질 것이다. 그러나 이제 제자
들은 예수의 말씀을 통해 이것이 그저 끔찍한 우연이나 비극
이 아니라는 것을 알게 되었다. 오히려 이것은 출애굽과 유월
절, 새로운 언약의 유익이 온전히 성취될 희생 제사가 될 것이
다. 그리스도의 피를 통해 그들은 죽음에서 구원을 받고 생명

을 얻게 될 것을, 그들이 노예 상태와 죄로부터 속량될 것을, 그들의 죄가 용서를 받고 그들이 하나님의 사랑으로 연합되어 하나님과 새로운 언약적 관계로 들어가게 될 것을 그들은 알게 되었다. 이것이 바로 예수가 이 성경 구절을 인용하시며 주셨던 놀라운 말씀이다.

장차 있을 잔치에 관한 말씀
(29절)

우리는 배신자에 관한 예수의 말씀과 자신의 몸과 피에 관한 그분의 말씀을 들었다. 하지만 아직 그분의 말씀은 끝나지 않았다. 29절에서 예수는 이렇게 덧붙이신다.

> 내가 포도나무에서 난 것을
> 이제부터 내 아버지의 나라에서 새것으로
> 너희와 함께 마시는 날까지 마시지 아니하리라.
>
> (마 26:29)

앞서 지적했듯이 전통적으로 유월절 만찬에는 포도주가 네 잔이 있었고, 네 번째 잔은 출애굽기 6장 7절 마지막 부문에 기록된 약속과 연결된다.

그 말씀에서 하나님은 "너희를 내 백성으로 삼고 나는 너희의 하나님이 되리니"라고 말씀하셨다. 이는 하나님과 그분의 백성 사이의 친밀하고 인격적인 관계를 뜻한다. 그리고 구약에서 이런 관계는 흔히 잔치—하나님이 평화와 기쁨, 축복 속에서 그분의 백성과 벌일 미래의 잔치—로 묘사된다. 이것은 여러 성경 구절에서 예언하는 바이기도 하다.

출애굽기 6:7

너희를 내 백성으로 삼고 나는 너희의 하나님이 되리니 나는 애굽 사람의 무거운 짐 밑에서 너희를 빼낸 너희의 하나님 여호와인 줄 너희가 알지라

따라서 이날 저녁, 이 시점에 예수는 이 네 번째 잔을 마시기를 거부하셨던 것처럼 보인다. 대신 그분은 이렇게 말씀하셨다. "걱정하지 말아라. 이 잔은 남아있을 것이다. 우리가 다시 만날 그날까지 이 잔은 남아있을 것이다. 내일 나는 죽어서 너희를 떠날 것이다. 하지만 우리가 내 아버지의 나라에서 다시 만날 그날—새로운 출애굽이 정말로 이뤄질 날, 모든 압제와 고통, 눈물, 죽음, 아픔이 사라질 날—이 올 것이다. 그날을 고대하자!" 이것이 장차 일어날 일이다. 이것이 하나님의 미래다. 이는 다음 사흘 동안 일어날 일 때문이다.

그분의 비참하고 폭력적인 죽음을 대비해 슬픔에 잠긴 제자들을 준비시키는 이 어려운 말씀을 하시던 중에 예수는 그들이 유월절이 언제나 가리켰던 그날, 즉 메시아의 천상의 잔치에서 그분이 영광 가운데 그들을 다시 만나실 영광스럽고 기쁜 그날을 바라보게 하신다.

나는 작은 독서 모임에 참여하고 있다. 우리는 온갖 종류의

소설과 서적, 대부분은 세속적인 책을 읽으면서 우리의 문화를 이해하려고 노력하고 오늘날의 문학에 반영된 이 세상에 복음을 어떻게 전할 수 있을지를 고민한다. 우리가 읽는 책 중 일부는 매우 어둡고 우울한 살인과 기만, 배신, 다른 악을 다룬 이야기다. 우리는 이 책을 주제로 토론하면서 자주 이렇게 묻곤 한다. "이 책에 구속의 순간이 존재하는가? 이 이야기 안에 어떤 소망을 주는 말이나 행동, 사건이 존재하는가? 이야기는 결코 그곳에 닿지 못하더라도 저자가 어떤 종류의 '행복한 결말'을 가리키고는 있는가?"

복음서 이야기의 결말에 해당하는 이 부분에는 배신과 기만, 부인, 포기, 거부의 서사가 기록되어 있다. 우리가 보았듯이 이것이 이 장의 어둡고 악한 현실이다. 그러나 정말로 구속의 순간이 존재한다. 그리고 그 구속의 순간이란, 29절에서 예수가 하나님 나라의 잔치에서 이뤄질 궁극적으로 행복한 결말에 관해 말씀하실 때만이 아니다. 이 서사에서 참된 구속의 순간은 사실 예수를 비롯해 그 방 안에 있던 모든 사람이 가장 두려워했던 그것이다. 즉 이튿날 해가 지기 전에 그분의 몸이 찢기고 그의 피가 희생 제물로 흘려질 것이라는 사실이었다. 이것이 모든 이야기—복음서의 이야기뿐만 아니라 인류와 피조물에 관한 이야기 전체—의 구속이 될 것이다. 예수의 십자가와 부활이 모든 역사의 구속의 순간이다.

의미 이해하기

그렇다면 이 모든 것은 무엇을 뜻하는가? 구체적으로, 우리가 정기적으로 성만찬에 참여하며 예수가 하신 이 말씀을 반복해서 듣는다는 것은 무엇을 뜻하는가? 우리가 예수에게 속한다면 우리는 새 언약의 백성에 속하기 때문이다. 우리는 메시아 예수에 대한 믿음을 통해 구약 이스라엘의 이야기와 정체성에 참여한다. 바울이 갈라디아 교인들에게 너무도 분명히 말했듯이, 우리는 아브라함의 영적 자손이다(갈 3:7~9, 26~29). 따라서 주의 만찬을 행할 때 우리는 구약의 이스라엘이 기렸던 바로 그 위대한 진리, 이제는 예수의 십자가와 부활의 빛 아래서 훨씬 더 놀라워진 그 진리를 기린다.

갈라디아서 3:7~9

그런즉 믿음으로 말미암은 자들은 아브라함의 자손인 줄 알지어다 또 하나님이 이방을 믿음으로 말미암아 의로 정하실 것을 성경이 미리 알고 먼저 아브라함에게 복음을 전하되 모든 이방인이 너로 말미암아 복을 받으리라 하였느니라 그러므로 믿음으로 말미암은 자는 믿음이 있는 아브라함과 함께 복을 받느니라

갈라디아서 3:26~29

너희가 다 믿음으로 말미암아 그리스도 예수 안에서 하나님의 아들이 되었으니 누구든지 그리스도와 합하기 위하여 세례를 받은 자는 그리스도로 옷 입었느니라 너희는 유대인이나 헬라인이나 종이나 자유인이나 남자나 여자나 다 그리스도 예수 안에서 하나이니라 너희가 그리스도의

출애굽은 구약 이스라엘 역사의 가장 중요한 순간이었다.

- 그 사건이 없었다면 그들은 노예 상태로 남아있었을 것이다.
- 유월절 어린 양이 죽임을 당하지 않았다면, 그들은 파멸적 인 죽음과 슬픔을 경험했을 것이다.
- 언약의 피가 하나님과 그들의 관계를 인치지 않았다면, 그 들은 아예 "민족"이 아니었을 것이다. 나머지 세상처럼 소 망도 없고 하나님도 없었을 것이다.

하지만 그 일이 정말로 일어났다! 그리고 그 일이 일어났기 때문에 …

- 그들은 자유로운 민족이 되었다.
- 그들은 죽지 않고 살았다.
- 그들은 자신들 가운데 하나님이 계시는 하나님의 언약 백 성임을 알게 되었다.

그리고 그래서 그들은 이 절기를 지켰다.

그리고 우리도 마찬가지다. 우리 주 예수 그리스도의 십자 가와 부활은 신약뿐만 아니라 우주 역사 전체에서 가장 중요 한 사건이다. 예수가 죽고 다시 사셨기에 우주 전체가 구속되고 하나님과 화해하게 될 것이다.

- 이 일이 일어나지 않았다면, 우리는 여전히 죄의 노예로 살 아갈 것이다.
- 이 일이 일어나지 않았다면, 우리는 여전히 영적으로 죽어 있을 것이다.
- 이 일이 일어나지 않았다면, 우리는 영원히 하나님과 분리 되어 있을 것이다.

하지만 이 일이 정말로 일어났다! 하나님을 찬양하라! 그리 고 이 일이 일어났기 때문에 …

- 우리는 죄에 대한 노예 상태에서 해방되었다.
- 죄와 허물 가운데 죽어있던 우리가 그리스도 안에서 생명 을 얻었다.
- 우리는 하나님 나라의 시민, 하나님의 백성의 일원, 하나님 이 거하시는 거처가 되었다(엡 2:19~22 그러므로 이제부터 너 희는 외인도 아니요 나그네도 아니요 오직 성도들과 동일한 시 민이요 하나님의 권속이라 너희는 사도들과 선지자들의 터 위에 세우심을 입은 자라 그리스도 예수께서 친히 모퉁잇돌이 되셨느 니라 그의 안에서 건물마다 서로 연결하여 주 안에서 성전이 되 어 가고 너희도 성령 안에서 하나님이 거하실 처소가 되기 위하 여 그리스도 예수 안에서 함께 지어져 가느니라).

그래서 우리가 이 잔치를 한다. 우리는 감사한 마음과 변화된 삶으로 함께 주의 만찬을 행한다. 하지만 마치기 전에 우리가 놓쳐서는 안 될 마지막 한 가지가 있다. 30절에서 마태는 다른 복음서와 마찬가지로 만찬이 끝났을 때 "그들이 찬미하고 감람산으로 나아가니라"라고 말한다.

그들은 가면서 어떤 노래를 불렀을까? 분명히 그들은 대 찬양 시편(Great Hallel)이라고 알려진 시편들을 불렀을 것이다. 대 찬양 시편은 시편 113~118편을 가리키지만, 대개는 마지막 몇 편, 즉 시편 115~118을 일컫는다. 바로 예수 시대에 유월절 식사 마지막에 불렀던 시편들이다─오늘날에도 유대인들은 유월절을 지킬 때마다 이 시편들을 부른다.

지금 이 시편들을 다 읽지는 않겠지만, 나중에 여러분 혼자서 읽어보기를 바란다. 예수가 이 시편들을 노래하시는 모습을 상상하면서 시편 115, 116, 117, 118편을 읽어라. 마지막 만찬을 마친 후 제자들을 이끌고 가시며 한 절씩 이 시편들을 노래하시는 예수의 모습을 그려보라. 그 다락방을 떠나 어두워진 예루살렘 거리를 지나 골짜기를 내려가고 감람산 비탈을 올라 겟세마네라고 불린 동산으로 가는 동안 그들의 마음을 채웠던 이 시편의 말들을 생각해보라.

이 말씀들은 예수가 배신당하고 재판을 받으시고 죽으시기 전 마지막 몇 시간 동안 그분의 마음과 그분의 목소리에 담긴 말씀들이었다. 예수는 시편 116편처럼 노래하셨을 것이다.

여호와께서 내 음성과 내 간구를 들으시므로
내가 그를 사랑하는도다.
그의 귀를 내게 기울이셨으므로
내가 평생에 기도하리로다.
사망의 줄이 나를 두르고
스올의 고통이 내게 이르므로
내가 환난과 슬픔을 만났을 때에
내가 여호와의 이름으로 기도하기를
"여호와여, 주께 구하오니 내 영혼을 건지소서" 하였도다.

(시 116:1~4)

겟세마네에서 고통 가운데 아버지께 기도하실 때 이 말씀
들이 그분의 마음을 채웠을까?

주께서 내 영혼을 사망에서, 내 눈을 눈물에서,
내 발을 넘어짐에서 건지셨나이다.
내가 생명이 있는 땅에서
여호와 앞에 행하리로다.
내가 크게 고통을 당하였다고 말할 때에도
나는 믿었도다. ···
여호와의 모든 백성 앞에서
나는 나의 서원을 여호와께 갚으리로다.
그의 경건한 자들의 죽음은

여호와께서 보시기에 귀중한 것이로다.

여호와여 나는 진실로 주의 종이요,

주의 여종의 아들 곧 주의 종이라.

(시 116:8~10, 14~16)

그리고 예수는 시편 118편의 이 말씀을 노래하셨을 것이다.

내가 죽지 않고 살아서

여호와께서 하시는 일을 선포하리로다.

여호와께서 나를 심히 경책하셨어도

죽음에는 넘기지 아니하셨도다.

(시 118:17~18)

하지만 주께서는 예수를 정말로 죽음에 넘기셨다.

실제로 예수는 자신을 죽음—하나님이 자신을 죽은 자 가운데서 다시 살리실 것을 알았다고 해서 덜 두렵거나 덜 고통스럽지는 않았던 죽음—에 내어주셨다.

그리고 시편 118편의 절정에서 예수는 제자들과 이 말씀을 노래했을 것이다.

주는 나의 하나님이시라. 내가 주께 감사하리이다.

주는 나의 하나님이시라. 내가 주를 높이리이다.

(시 118:28 [2])

하지만 열두 시간 후 예수는 바로 이 시편을 떠올리게 하는 말씀을 외치셨다. "내 하나님이여, 내 하나님이여, 어찌 나를 버리셨나이까?"(시 22:1) 정말로 왜? 왜냐하면 예수가 세상의 죄, 당신의 죄와 나의 죄를 지고 계셨기 때문이다. 하나님이 죄를 알지도 못하시는 분을 우리를 대신해 죄로 삼으셨기 때문이다. 그렇기 때문에 십자가에 달리신 그 몇 시간 동안 예수는 하나님께 버려지고 버림받고 거부당하는 공포를 경험하셨다. 그것이 죄에 대한 하나님의 유일한, 궁극적이고 거룩한 반응—그분의 임재로부터의 추방—이기 때문이다. 그리고 예수가 그 유기의 자리로 가셨고, 따라서 우리가 그리스도를 믿을 때 당신과 나는 그 자리에 갈 필요가 없다. 베드로의 말처럼 그분은 나무에 달려 그 몸 안에 우리의 죄를 지셨다.

그렇기에 당신과 나는 시편 118편의 마지막 말씀, 그다음 날 무슨 일을 겪게 되실지 아셨던 예수도 노래하셨을 그 말씀을 노래할 수 있다. 하지만 그분은 "그 앞에 있는 기쁨을 위하여 십자가를 참으사 부끄러움을 개의치 아니하시더니 하나님 보좌 우편에 앉으셨느니라"(히 12:2).

여호와께 감사하라.
그는 선하시며 그의 인자하심이 영원함이로다.

(시 118:29)

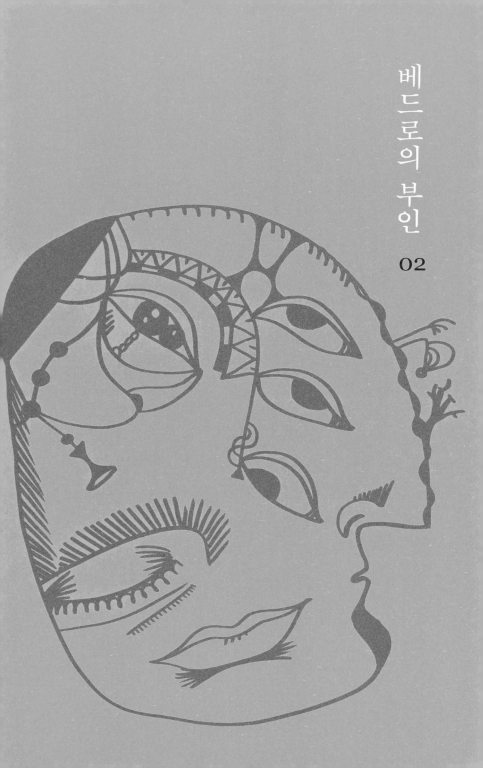

베드로의 부인

02

마태복음 26장 69~75절

69 베드로가 바깥 뜰에 앉았더니 한 여종이 나아와 이르되 너도 갈릴리

  사람 예수와 함께 있었도다 하거늘

70 베드로가 모든 사람 앞에서 부인하여 이르되 나는 네가 무슨 말을 하

  는지 알지 못하겠노라 하며

71 앞문까지 나아가니 다른 여종이 그를 보고 거기 있는 사람들에게 말

  하되 이 사람은 나사렛 예수와 함께 있었도다 하매

72 베드로가 맹세하고 또 부인하여 이르되 나는 그 사람을 알지 못하노

  라 하더라

73 조금 후에 곁에 섰던 사람들이 나아와 베드로에게 이르되 너도 진실

  로 그 도당이라 네 말소리가 너를 표명한다 하거늘

74 그가 저주하며 맹세하여 이르되 나는 그 사람을 알지 못하노라 하니

  곧 닭이 울더라

75 이에 베드로가 예수의 말씀에 닭 울기 전에 네가 세 번 나를 부인하리

  라 하심이 생각나서 밖에 나가서 심히 통곡하니라

개인적 논평
설교를 준비하면서

전반적 맥락

　　나에게 주어진 본문은 마태복음 26장 69~75절이었지만, 설교 준비를 시작할 때부터 이 사건이 사복음서 모두에 비교적 자세히 기록되고 있음을 고려할 때 이 사건이 중요하다는 점이 분명히 보였다. 그래서 나는 이 점을 지적해야 하고, 설교에 다른 병행 본문도 반영해야 한다고 느꼈다. 내 경우 이런 식으로 설교하는 경우가 흔하지는 않다. 나는 특정한 복음서 본문에서 설교할 때 그 복음서 저자가 독특하게 강조하는 바에 초점을 맞추려고 노력해야 한다고 생각한다. 하지만 이 경우에 나는 사람들이 오늘까지도 대단히 강력한—영적으로 또한 정서적으로— 메시지를 전달하고 있는 사건을 '온전히 맛볼' 수 있게 하려고 요한복음을 비롯해 모든 자료를 사용하는 것이 타당하다고 느꼈다.

성공에 대한 숭배에 맞서기

설교 준비를 하면서 내가 의식적으로 집중한 두 번째 사항은 우리의 문화가 '성공 지향적'이라는 점이다(특히 서양에서 그렇지만, 이제는 매우 광범위하게 퍼져 있다). 우리는 성공과 명성을 숭배하고 있다. 스포츠 영웅들과 텔레비전과 영화의 스타들, 부유하고 유명한 사람들, 이런 사람들이 우리의 매체를 채우고 있다. 또한 비즈니스에서, 성에서, 자녀 양육에서, 학교와 대학에서 성공해야 한다는 온갖 압력이 있다. 어렸을 때부터 실패에 대한 두려움이 초래한 스트레스를 받기 시작하며 이런 스트레스가 도저히 견딜 수 없을 정도에 이를 수도 있다. 성공에 대한 숭배는 끔찍할 정도로 파괴적일 수 있고 큰 희생을 요구할 수도 있다. 거짓 신들은 언제나 존재한다.

우리의 영적 삶에도 똑같은 문화적 우상 숭배가 침투할 수 있다. 우리는 '성공적인 그리스도인'이 되기를 원한다. 패자가 아니라 승자가 되기를 원한다. 우리는 '주께 놀랍게 사용되는' 것처럼 보이기를 원한다. 따라서 실패에 대한 두려움—그리고 실패했다는 사실—은 파괴적인 결과를 초래할 수도 있다.

예수가 이 땅에 계신 동안 가장 중요한 순간에 베드로가 끔찍한 실패를 경험했다는 이 이야기를 기록한 목적은, 적어도 부분적으로는 베드로처럼 그분의 제자들인 우리 모두도 실패가 현실임을 깨닫도록 돕고 예수가 베드로의 실패를 어떻게 다루셨는지를 볼 수 있도록 하기 위해서인 것처럼 보인다. 나는 설교가 정직하고 진실하기를 원했으며, 사람들이(설교를 듣는 모든 사람뿐만 아니라 설교자인 나 자신도) 실패를 직시하고, (베드로가 그래야 했듯이) 우리가 주 예수 앞에서 진리를 받아들일 수 있을 정도로 정직할 때만 경험할 수 있는 방식으로, 용서하시는 하나님의 은총을 경험할 수 있도록 도울 수 있기를 원했다.

주제가 매우 심각하며, 어렵고 정서적으로 강렬한 요소가 설교에 담길 것이기 때문에 나는 마음을 가볍게 해주는 내용으로 설교를 시작하겠다고 마음먹었다. 이를 위해《영웅적 실패에 관한 책》(The Book of Heroic Failure)을 소개했고, 이 책의 앞부분을 조금 읽었다. 하지만 그런 다음 실패의 우스운 측면에서 대개는 실패가 전혀 우습지 않다는 사실로 넘어갔고, 거기서 바로 베드로에 관한 이야기로 넘어갔다.

장면 되살리기

나는 (신약이든 구약이든) 서사를 담고 있는 모든 본문에 대해 사람들이 상상을 통해 그 이야기 안으로 들어가 단순히 그것을 읽는 대신 그것을 '느끼도록' 돕는 것이 언제나 중요하다고 생각한다. 이를 위해서 나는 설교의 첫 부분에서 이 이야기가 서술된 방식에 있어서 몇 가지 놀라운 대조와 아이러니를 지적하고자 했다. 그렇게 함으로써 사람들이 그 감정을 어느 정도 경험하기를 바랐다. 나는 설교의 이 부분에 담긴 항목들을 차례로 짚어가면서 관련된 구절이 어떤 항목을 예증하는지를 이야기했다. 이를 통해 우리는 본문에 몰입하고 그 이야기를 자세히 기억하게 된다.

사실을 마주하기

이 부분에서 나는 사람들이 정직한 자세로 실패가 현실의 삶의 일부임을—그리고 하나님도 이를 알고 계심을!—깨닫기를 바랐다. 그래서 나는 성경이 실패로 가득 차 있음을 강조했다(이에 대해 어떤 사람들은 놀라는 것처럼 보이지만 이는 엄연한 사실이다). 또한 나는 특정한 종류의 기독교 예배와 교회의 삶을 특징짓기 쉬운 '성공의 문화'에 반대하는 설교를 하기 원했다. 위대한 간증과 기적을 끊임없이 칭송하는 분위기 속에서 자신만 실패자라는 생각 때문에, 혹은 자기가 직면한 삶의 현실에 대해 아무도 목회적 관심도 기울이지 않기 때문에 교회를 떠난 사람들이 많다.

그림 속으로 예수를 모셔오기

나는 사복음서 모두에서 예수가 베드로의 부인을 예언하신다는 사실이 놀랍게 느껴졌다. 마치 하나님은 "너희는 베드로가 실패해서 놀랐을지도 모르지만 나는 놀라지 않았다. 예수가 아셨다"라고 말씀하시는 것처럼 보인다. 그리고 이것은 이 이야기가 베드로의 회복으로 귀결되는 방식에 대한 중요한 실마리를 제공하는 것처럼 보인다. 물론 우리 주께서 우리의 죄와 실패 때문에 슬퍼하시지만 놀라지는 않으신다는 것을 깨달을 때 우리는 큰 위로를 얻는다. 그분은 우리가 어떤 존재인지 알고 계신다. 그분은 우리의 약함을 알고 계신다. 그리고 그분은 잘 대처할 수 있으시다!

따라서 설교의 마지막 부분에서는 베드로가 회복되는 방식—예수의 기도를 통해, 그리고 그분의 철저한 점검을 통해—을 다룬다. 이 부분에서 나는 요한의 이야기로 넘어갔다. 요한은 베드로의 끔찍한 부인을 목격했을 뿐만 아니라 그가 예수께 그분을 사랑한다고 말할 수 있었을 때—부인한 횟수만큼 사랑한다고 고백했을 때— 그가 놀랍게 회복되는 모습도 목격했다.

따라서 이 이야기와 설교는 실패가 용서받는 것으로 마무리된다.

나는 대개는 설교를 '결신자 초청'(altar call)으로 마무리하지 않는다. 하지만 이 경우에는 마침 기도를 사람들이 하나님 앞에서 마음을 열고 정직하게 자신의 실패와 약함을 고백하고 하나님의 용서를 구할 기회로 삼았다. 그 목적은 결신을 호소하는 것이라기보다는 신자들이 하나님과의 정직하고 진실한 관계로 돌아와서 그분의 용서를 깨닫게 하고자 하는 것이었다.

베드로의 부인

마태복음 26장 69~75절[1]

내가 가장 좋아하는 책 중 하나는 스티븐 파일 (Stephen Pile)의 《영웅적 실패에 관한 책》(*The Book of Heroic Failure*)[2]이다. 이 책의 부제는 "대영제국의 그다지 훌륭하지 않은 이들의 클럽을 위한 공식 지침서"(The Official Handbook of the Not Terribly Good Club of Great Britain)다. 이 책의 서문은 다음과 같다.

성공은 과대평가되었다.

모두가 성공을 갈망하지만, 인간이 정말로 잘하는 것은 성공과 정반대의 것이라는 증거가 하루가 멀다 하고 등장한다. 우리에게 있는 소질은 무능함이다. 그것이 동물과 우리를 구별하는 특징이며, 우리는 그것을 경외하는 법을 배워야 한다.
…

나만 뭔가를 잘하지 못하는 것이 아니라고 나는 확신하며, 조금만 조사해봐도 다른 이들도 마찬가지임을 금방 알 수 있다.

...

그래서 1976년에 행정적 실패로 무장한 내가 회장이 되어 그다지 훌륭하지 않은 이들의 클럽이 만들어졌다.

뭔가(낚시, 가벼운 대화, 밀랍 염색, 어떤 것이든)를 잘하지 못하는 사람은 누구든지 회원 자격이 있으며, 사람들이 자신이 할 수 없는 것에 관해 이야기하고 공개적으로 시범을 보이는 모임에 참석하기만 하면 된다.

1976년 9월 온갖 무능한 분야로부터 신중하게 선발된 20명의 회원이 완벽하게 별 볼 일 없는 런던의 한 식당에 창립 기념 만찬을 위해 모였다. …

그런 다음 이 책은 역사적 연구를 통해 발굴할 수 있는 가장 극적인 실패들을 설명한다. 가장 성공적이지 못했던 은행 강도, 최악의 버스 서비스, 가장 성공적이지 못했던 불꽃놀이, 최악의 〈맥베스〉(Macbeth) 공연, 최단 시간의 패전 등등. 대단히 재미있는 책이다.

하지만 물론 가끔 우리 자신의 사소한 실수를 회상할 때를 제외하면, 현실에서 실패는 전혀 재미있지 않다. 실패는 비극적이고 심지어는 지독할 정도로 슬픈 경우가 많다. 실패한 결혼이나 낙제했던 중요한 시험을 떠올려보라. 비극적으로 실패했던 용감한 구출 작전이나 누군가가 정말로 중요한 약속을 지키지 못했던 때를 생각해보라. 정치인들이 선거 공약을 지키지 못했을 때 우리는 놀라워하지도 않는다. 실패는 실망스럽고 잔인하고 비극적일 수도 있다―안타깝지만 예상 가능할 때도 있다.

이 본문에서는 베드로의 큰 실패를 그리고 있다. 이 사건은 너무나도 중요해서 사복음서 모두에 기록된 몇 안 되는 사건 중 하나다. 사복음서 모두에 예수가 이를 예언하고 베드로가 실패한 것을 기록하고 있다.[3] 유다의 배신과 베드로의 부인에 관한 이야기가 예수의 수난과 죽음에 관한 이야기 한가운데에 배치되어 이 비극적인 이야기를 훨씬 더 고통스럽게 만들고 있다. 인간의 배반이라는 누추한 이야기가 세상의 구속이라는 가장 위대한 이야기에 구멍을 내고 있다.

베드로의 실패는 분명히 비극적이다. 하지만 물론 충분히 이해할 수 있는 일이며, 이 점에는 우리 모두가 동의할 것이라고 나는 확신한다. 그리고 우리는 베드로의 입장을 공감할 수 있다. 우리 중에 가장 뻔뻔한 사람들만이 베드로가 굴복한 그 지점에서 자신은 굳게 서 있었을 것이라고 감히 주장할 수 있을 것이다.

이 이야기 속으로 들어가 보자. 먼저 상황을 상상해보고 그 안으로 들어가 보자. 마태는 이 사건을 이렇게 서술한다.

> 베드로가 바깥 뜰에 앉았더니 한 여종이 나아와 이르되,
> "너도 갈릴리 사람 예수와 함께 있었도다" 하거늘,
> 베드로가 모든 사람 앞에서 부인하여 이르되,
> 나는 네가 무슨 말을 하는지 알지 못하겠노라" 하며,

앞문까지 나아가니 다른 여종이 그를 보고

거기 있는 사람들에게 말하되,

"이 사람은 나사렛 예수와 함께 있었도다" 하매,

베드로가 맹세하고 또 부인하여 이르되,

"나는 그 사람을 알지 못하노라!" 하더라.

조금 후에 곁에 섰던 사람들이 나아와 베드로에게 이르되,

"너도 진실로 그 도당이라. 네 말소리가 너를 표명한다"

하거늘, 그가 저주하며 맹세하여 이르되,

"나는 그 사람을 알지 못하노라" 하니, 곧 닭이 울더라.

이에 베드로가 예수의 말씀에

'닭 울기 전에 네가 세 번 나를 부인하리라' 하심이 생각나서

밖에 나가서 심히 통곡하니라.

(마 26:69~75)

마태의 이야기는 아이러니와 충격으로 가득 차 있다. 마태
복음 26장의 문맥 안에서 베드로 사건을 바라볼 때 마태가 우
리 앞에 펼쳐놓는 대조적인 이미지들을 생각해보라.

- 한편에는 생명을 잃을 위험 속에서도 그 땅의 최고 권력자
  들 앞에서 당당히 서 계시는 예수가 있다. 다른 한편에는 아
  마도 곤혹스러움을 느끼고, 어쩌면 약간 구타를 당하는 것
  말고는 별 다른 위험이 없었던 상황에서 두 여종 앞에서 무
  너지고 마는 베드로가 있다.

◆ 한편에는 자신에 관해 진리를 말씀하겠다고 맹세하고 그렇게 하시는 예수가 있다. 그리고 다른 한편에는 자신과 예수에 관한 진리를 부인하기 위해 맹세를 들먹이는 베드로가 있다.

◆ 한편에는 신성모독이라는 거짓 고발을 당하시는 예수가 있다(그 자체로 놀랍다. 하나님의 아들이 신성모독으로 고발을 당하시다니!). 그리고 다른 한편에는 바로 주 앞에서 실제로 신성모독의 죄를 범하는 베드로가 있다. 사실 본문에서는 그가 거짓으로 맹세한다고만 말하지만(거짓말을 하기 위해 주의 이름을 망령되게 부르며) 그가 "저주"했다고 기록되어 있기도 하다. 일부 성경 번역본에는 "자신에 대해"라는 말이 첨가되어 있지만, 마태는 그가 저주했다고 말할 뿐이다. 이를테면 그가 "나는 그를 모른다고 하나님께 맹세하오. 저 자에게 저주가 내리길!"이라고 말하면서 예수에 대해 저주했을 가능성도 분명히 생각해볼 수 있다.

얼마나 끔찍한 말인가!

◆ 한편에는 노예 소녀가 자신을 알아보고 위협할 때 그는 저주와 맹세로 위기를 모면한다. 하지만 반면에 (누가가 우리에게 말하듯이) 예수가 바라보셨을 때 베드로는 어둠 속으로 달려갈 수밖에 없었다. 그때 닭이 울고 비로소 그는 예수의 말씀을 기억한다. 따라서 베드로는 이 이야기의 주인공답지 않은 주인공이다.

◆ 베드로는 몇 시간 전 어두운 동산에서 한 부대의 군인들 앞

에서 칼을 휘둘렀던 사람이었다. 하지만 불빛 앞에 노예 소녀 앞에서는 위축되고 만다.

◆ 베드로는 혼자서도 그물에 가득 차 있던 물고기를 끌어 올릴 수 있는 사람이다. 하지만 의심을 품은 사람이 던진 질문 몇 개에 그는 두려워 움츠러들고 만다.

◆ 베드로는 예수를 위해 죽겠다고 맹세한 사람이다. 하지만 여기서 그는 그분을 알지도 못한다고 맹세하고 있다.

◆ 베드로는 이 일이 있기 한두 시간 전에 용기와 선한 의지로 가득 차 있던 사람이었다. 하지만 이제 그는 수치와 비통함, 깊은 절망, 흐르는 눈물로 가득 차 있다.

◆ 예수가 그를 베드로, 즉 반석이라고 부르셨다. 하지만 지금 그는 흐느끼는 젤리 덩어리일 뿐이다.

간단히 말해서 베드로는 실패했다. 갑자기, 놀랍게도, 충격적으로 베드로는 실패했다. 마태복음만 보면 그것으로 끝이다. 물론 우리는 다른 복음서를 통해서 이후 베드로의 행적에 관해 더 많이 알 수 있다. 하지만 마태복음만 보면 베드로는 결코 다시 등장하지 않는다. 베드로의 마지막 모습은 어둠 속에서 슬피 울며 이를 가는 모습이다. (마태복음에서) 이야기는 그렇게 끝난다.

그렇다면 이것은 우리에게 무엇을 말하는가? 이 이야기가 베드로에 관해서 하는 말에 대해, 또한 이 이야기가 우리 자신에 관해서 하는 말에 대해 우리는 어떻게 반응해야 하는가?

왜 마태는 이 이야기를 기록했을까? 왜 모든 복음서가 이 이야기를 기록했을까? 나는 이 이야기가 적어도 세 가지를 말해 준다고 생각하는데, 첫 번째는 바로 이것이다.

실패는 사실이다.

성경에서 실패는 사실이다.

생각해보라. 머릿속으로 성경 전체를 한번 훑어보라. 아담과 하와는 완벽한 환경 속에 있었지만 실패했다. 아브라함은 실패했다. 그는 자신의 아내에 관한 거짓말을 했고 하갈을 학대했다. 사무엘은 엘리가 자녀들을 바르게 가르치지 못했다고 비판했지만, 정작 자기 아들들이 바르게 처신하도록 가르치는 데 실패했다. 기드온은 미디안 족속에 대한 큰 승리를 거두고 나서 실패했다. 그는 자신이 왕이 되지 않겠다고 말했지만, 왕처럼 행동했고 우상숭배의 빌미를 제공한 물건을 만들었다. 모세는 광야에서 실패했고, 이에 대해 크게 후회했다. 다윗은 끔찍하게 실패했다. 간음과 살인 교사를 했을 뿐만 아니라 여생 동안 자신의 가정을 통제하는 데 실패했다. 이스라엘의 모든 왕은 이런저런 모습으로 실패했다. 이스라엘 전체—하나님의 언약 백성, 하나님이 속량하신 백성—가 구약의 모든 세대에 걸쳐 실패했다. 실패는 너덜너덜한 실타래처럼 구약 전체를 관통하고 있다.

또한 신약에서도 우리는 사람들이 여기저기서 실패하는 모습을 볼 수 있다. 이 이야기에서 왜 우리는 베드로가 예수를 부인했다고 그를 비난할까? 사실 마태는 모든 제자가 그분을 버리고 도망갔다고 말한다. 실제로 불쌍한 베드로만 (뒤에서 살펴보겠지만, 거의 유일하게) 예수를 부인할 수 있는 자리에 있었다. 다른 제자들이 예수를 부인하지 않았던 유일한 이유는 그들이 그곳에 있지도 않았기 때문이다! 그들은 이미 도망쳐 버렸다. 하지만 마태가 35절에서 매우 조심스럽게 말하듯이, 그들 모두가 베드로와 똑같이 말했다. "우리는 주님을 버리지 않겠습니다. 우리는 주님을 부인하지 않겠습니다." 하지만 결정적인 순간이 찾아왔을 때, 그들은 베드로와 (뒤에서 살펴보듯이) 다른 한 사람을 제외하고 그들 모두가 그분을 버렸다. 그것은 집단적인 실패였다.

처음부터 마지막까지 성경 전체가 (유일한 예외인 주 예수 그리스도를 제외하면) 인간의 실패에 관한 이야기다. 스티븐 파일의 책 제목은 성경에도 잘 어울리는 제목(《영웅적 실패에 관한 책》)이라고 말할 수 있다(물론 성경에서 대부분의 실패는 특별히 영웅적이라고 말할 것이 없기는 하다). 그 책의 부제는 성경과 꼭 어울린다. "그다지 훌륭하지 않은 이들의 클럽을 위한 공식 지침서"—물론 성경은 그저 우리가 그다지 훌륭하지 않은 정도라고 말하지 않는다. 성경은 사실 우리가 철저하고 끔찍하게 흠이 있다고 말한다. 죄는 우리 인간 본성 깊숙이 그 악을 침투시켰다. 단순한 실패는 우리가 지닌 가장 작은 문제 중 하나일 뿐이다. 창세기 6장에서 하나님은 사람이 "마음으로 생각하는 모든 계획이 항상 악할 뿐임"을 보셨다(5절). 예레미야는 자신을 정직하게 알고 있었기에 "만물보다 거짓되고 심히 부패한 것은 마음이라. 누가 능히 이를 알리요?"라고 말했을 것이다. 바울은 선한 유대인이든 사악한 이교도이든 전혀 차이가 없다고 말한다. "차별이 없느니라. 모든 사람이 죄를 범하였으매 하나님의 영광에 이르지 못하더니"(롬 3:22~23). 요한은 "만일 우리가 죄가 없다고 말하면 스스로 속이고 또 진리가 우리 속에 있지 아니할 것이요"라고 말한다(요일 1:8).

따라서 한 번도 실패해본 적이 없다고 상상하고 싶어 하는 마음이 든다면 현실을 직시하라. 당신은 자신을 속이려고 할 뿐이다. 실패는 부인할 수 없는 사실이다. 성경에서 실패는 분명히 사실이다.

실패는 경험의 사실이다.

우리는 대부분 기독교 교회의 역사의 위대한 이야기에 대해 어느 정도 알고 있다. 우리는 복음이 한 나라에서 다른 나라로, 한 대륙에서 다른 대륙으로 전파되었음을 알고 있다. 우리는 위대한 선교 운동의 기원과 확산에 대해서도 알고 있다. 어쩌면 몇몇 선교사들의 전기를 읽고 수백 년에 걸쳐 용감한 사람들이 하나님을 위해 행한 위대한 일들에 대해 존경하는 마음을 품고 있을지도 모른다. 하나님의 능력과 은총, 주권에 의한 복음의 성공에 대한 증언으로서 지난 2천 년의 위대한 이야기를 할 수도 있다.

그러나 다른 각도에서 보자면 교회사는 실패의 역사이기도 하다. 그 중 일부는 매우 끔찍한 실패였다. 구약의 이야기들처럼, 교회사를 보면서 우리는 사람들의 놀라운 업적 때문이 아니라 그들의 약함과 실패에도 불구하고 하나님이 이루신 바에 대해 놀라워하곤 한다. 선교사들의 전기에서는 (성경과 달리) 덜 감동적인 그런 실패의 순간들에 대해 얼버무리고 넘어가기도 한다.

나에게는 "영웅적 실패"에 관한 책이 하나 더 있다. 이 책은 스티븐 파일의 작은 문고판보다 훨씬 더 크고 두껍다. 책의 제목은 《잃어버리기에는 너무 소중한 사람들》(*Too Valuable to Lose: Exploring the Causes and Cures of Missionary Attrition*)[4]이다. 여기서 "마모"(Attrition)라는 말은 이유가 선교사들이 무엇이든, 예상하거나 원래 계획한 것보다 더 일찍 본국으로 돌아오는 경우를 가리키는 점잖은 표현이다. 이 책에서 그 까닭에 관해서 연구하고 분석하고 해결하고자 한다. 이 책은 광범위한 연구 기획의 산물이며, 이와 관련해 몇 년 전에 올 네이션스 크리스천 칼리지(All Nations Christian College)에서 그 현실—선교의 실패(혹은 실패처럼 보이는 현상)라는 문제—을 점검하기 위한 학회가 열리기도 했다.

하지만 선교사들이 실패했다고? 이들은 기독교 선교에서 하나님을 섬기겠다는 매우 고귀한 동기와 소명, 온갖 선한 의도를 가지고 있는 사람들이라고 우리는 생각할지도 모른다.

그들 중에는 집중적인 훈련을 받은 사람들도 있다. 그들 대부분은 다른 사람들의 강력한 후원과 기도를 받는다. 하지만 그들 중 일부는 이런저런 모습으로 실패한다. 어떤 이들은 상한 마음으로 환멸을 느끼며 본국으로 돌아온다. 어떤 이들은 거룩하지 않은 관계에 빠진다. 어떤 이들은 아파서 쓰러진다. 어떤 이들은 그냥 포기한다. 이유는 매우 다양하지만, 그들 모두가 비난받아 마땅한 것은 아니다.

실패는 사실이다. 이를 직시하자.

크나큰 비극은 우리가 이를 인정하지 않거나 않으려고 하는 경우가 너무나도 많다는 것이다. 솔직히 우리는 다른 그리스도인들이 자신들의 실패에 대해 고백하기 시작하면 우리는 보통 매우 당혹스러워 한다. 아마 우리도 우리 자신의 실패를 고백해야 하기 때문일 것이다. 우리는 우리의 수치를 숨긴 채 '승리하는 그리스도인의 삶,' '성령 충만한 그리스도인의 삶,' 혹은 그 당시 유행하는 구절이 무엇이든 그런 삶을 사는 체하고 싶어 한다.

우리는 책도 읽어보았다. 수련회도 다녀왔다. 맨 앞에 서 보기도 했고 등을 대고 누워보기도 했다. 이런저런 방법을 다 시도해보았고 티셔츠도 입어보았다. 모두가 성공적인 그리스도인이 되기 위한 노력이었다.

따라서 아직도 우리가 성공적인 그리스도인이 되지 못했다는 것을 인정하지 않으려고 한다. 우리는 똑같은 옛 죄 때문에 아직도 넘어지고 있다는 것을 인정하지 않으려고 한다. 우리는 그리스도인으로서 너무 눈에 띄는 것을 좋아하지 않는다는 것을 인정하지 않으려고 한다. 우리가 실제로 그리스도를 안다는 것을 부인한 적이 있다는 말까지는 하지 않으려고 한다. 그에 관해서는 별로 이야기하지 않는다. 아무도 듣고 있지 않다고 생각할 때 우리가 어떻게 말하고 생각하는지, 혼자만 있을 때 우리가 무엇을 보는지, 가정에서 우리와 가장 가까운 이들을 어떻게 대하는지를 인정하지 않으려고 한다.

간단히 말해서 우리는 아직도 실패하고 있음을 인정하지 않으려고 한다.

하지만 우리는 아직도 실패하고 있다. 그리고 그렇다는 것을 알고 있다.

일부 기독교 교회와 공동체 안에 가장의 문화, 끊임없이 화려한 성공 이야기('간증')를 부각시키는 모습, 실패라는 현실의 부인이 존재한다는 사실이 나는 몹시 슬프다. 나는 그것이 목회적으로 파멸을 초래할 수도 있으며, 심지어는 복음의 진리를 부인하는 것에 가까울 수도 있다고 생각한다. 예배 순서 전체에서 죄의 고백이 전혀 없는 예배에 참석한 적이 있다─승리의 노래와 간증, '성공'과 '믿음,' '승리'에 관한 설교만 있었다.

일부 기독교계에 존재하는 이런 이상한 역설에 관해 생각해본 적이 있는가? 그리스도인이 되기 위해서 당신이 해야 할 첫 번째 일은 당신이 실패했음을 인정하는 것이다. 하지만 일단 그리스도인이 된 다음에는 당신이 할 것으로 예상되는 가장 마지막 일이 당신이 실패한다는 것을 인정하는 것이다. 교회로 들어가기 위해서는 죄인임을 받아들여야 하지만, 교회 안에서 믿을 만한 사람으로 남아있는 유일한 방법은 성공한 사람인 것처럼 가장하는 것인 듯 보인다. 뭔가 잘못된 것 아닐까? 우리 삶에서 계속되는 은총의 현실—믿음에 이르는 그 순간뿐만 아니라 그 이후 여정의 모든 단계—에 관해 우리가 뭔가를 놓치고 있는 것 아닐까?

다시 베드로에 관한 이야기로 돌아가 보자. 이 이야기가 성경에 들어있는(네 차례 기록된) 까닭 중 하나는 우리가 실패의 현실을 인정하고 받아들이게 하기 위함이라고 나는 생각한다. 그렇게 할 때 우리는 정말 자유로워질 수 있다. 베드로—예수의 첫 제자 중 으뜸이었던 사람—가 실패했다. 나도 실패한다. 당신도 실패한다. 지구상의 모든 그리스도인도 실패한다. 얼마나 위로가 되는가! 이 이야기가 우리를 자유롭게 해주는 까닭은 실패가 사실일 뿐만 아니라 실패가 예상된 것임을 말해주기 때문이다.

실패는 예상되어 있다

마태복음 26장의 충격적인 요소 중 하나는 예수가 유다의 배신과 베드로의 부인을 예언하셨다는 것이다.

21절을 보라. 예수는 "내가 진실로 너희에게 이르노니, 너희 중의 한 사람이 나를 팔리라"라고 말씀하신다. 모두가 충격에 빠져서 "분명히 나는 아닐 거야! 뭐, 나라고? 그럴 리가 없어. 분명히 나는 아니야!"라고 말했다. 정말로 놀라운 말씀이었지만, 이때까지도 제자 중 그 누구도 유다를 의심하지 않았다.

이제 31절을 보라. 예수가 "오늘 밤에 너희가 다 나를 버리리라"라고 말씀하신다. 또 한 번의 충격적인 말씀! 그리고 모두 "아닙니다, 아닙니다, 아닙니다! 물론 우리는 그러지 않을 것입니다!" 특히 베드로는 "저요? 그럴리가요! 모두가 주님을 버려도 저는 그러지 않을 겁니다! 주님, 저를 아시잖아요! 그래야 한다면 주님을 위해서 죽을 겁니다!"라고 말했다. 그 말에 예수는 "오늘 밤 닭 울기 전에 네가 세 번 나를 부인하리라"라고 대답하셨다.

예수는 유다와 베드로(물론 다른 모든 이들)의 실패를 미리 아셨다. 안타깝게도 그 사실이 유다에게는 아무런 영향을 미치지 못한 것처럼 보이지만, 베드로에 관한 한 그 사실이 그를 구해주었을지도 모른다고 나는 생각한다. 바깥 어두운 곳으로 나가 통곡할 때 그는 분명 기억했을 것이다. "예수가 아셨어! 내가 그럴 거라고 예수가 말씀하셨어." 그래서 그는 훨씬 더 비통하게 눈물을 흘렸을 것이다. 베드로는 그가 방금 저지른 일을 이미 알고 계셨음을 깨달았다. 하지만 그분은 처음부터 다 알고 계셨다. 실제로 예수는 성경을 인용하시며(마 26:31) 베드로가 부인하고 모든 제자가 그분을 버리고 도망치는 것조차도 신비로운 방식으로 성경이 말한 바를 성취하기 위한 것임을 알려주셨다. 그러므로 어떤 의미에서 이 모든 상황이 여전히 통제되고 있다. 예수는 하나 이상의 방식으로 대비해두셨다.

오래된 찬송가 가사에 [예수가] "우리 [모든] 약함 아시오니"라는 구절이 있다.⁵ 창피를 주려는 말이 아니다. 은밀한 협박이 아니다. 이것은 위로의 말이다. 예수가 아신다면 예수가 그것에 대응하실 수 있기 때문이다. 소망이 있다. 터널의 끝에 빛이 있다. 실패는 예측된다. 따라서 우리의 실패는 분명히 주를 몹시 슬프게 하지만, 그분을 놀라게 하지는 않는다.—왜냐하면 그분은 우리를 속속들이 아시기 때문이다. 그분은 우리가 할 수 있는 것을 아신다.

요한복음에서 베드로의 부인에 대한 예언을 어떻게 이야기하고 있는지 묵상해본 적이 있는가? 나는 그것이 대단히 놀랍다고 생각한다. 요한복음 13장을 펴보라. 감정적 긴장으로 가득 차 있는 서사다. 예수가 제자들의 발을 씻기실 때 고통스러운 당혹감이 존재한다. 그런 다음 배신의 예언이 주는 충격이 있다. 그런 다음 예수가 어떻게 그들을 떠나실 것인가에 관한 신비로운 말씀이 있다. 그리고 마지막으로 예수가 베드로가 그분을 부인할 것이라고 예언하시는 충격적인 말씀이 있다. 베드로는 항의하지만, 예수는 "네가 나를 위하여 네 목숨을 버리겠느냐? 내가 진실로 네게 이르노니, 닭 울기 전에 네가 세 번 나를 부인하리라"라고 단호하게 말씀하신다.

요한이 원래 복음서를 썼을 때 장의 구분이 없었음을 기억하라. 우리가 가지고 있는 성경책처럼 "14장 1절, 예수가 제자들을 위로하시다"라는 소제목도 없었다. 이런 장절 구분과 소제목은 우리가 성경을 더 잘 이해할 수 있도록 돕기 위해 훨씬 뒤에 덧붙여진 것이다. 불행히도 이런 것들 때문에 우리는 14장의 첫 부분을 읽을 때 마치 그것이 방금 13장에서 읽은 것과 아무 상관이 없는 것처럼 생각하는 경우가 종종 있다. 하지만 요한이 원래 기록한 요한복음서에서 예수는 13장 마지막 부분에서 하신 말씀에 바로 이어서 [그러나] "너희는 마음에 근심하지 말라"라고 말씀하신다.

뭐라고?! 어떻게 그분은 그런 예언을 하신 다음에 그렇게 말씀하실 수 있으셨을까?

"너희 중 한 사람이 나를 배반할 것이고, 나는 너희를 위해 죽을 것이다. 너희 중 하나는 나를 부인할 것이다. … 하지만 잘 들어라. 너희 마음에 근심하지 말아라! 걱정하지 말아라. 두려워하지 말아라. 나를 믿어라. 너희가 하나님을 믿듯이 나를 믿어라. 내가 할 일을 나는 알고 있단다. 내가 어디로 갈지 나는 알고 있단다. 그리고 너희의 배신과 부인조차도 너희를 위해, 세상을 위해 내가 할 일을 파괴하거나 망쳐놓지 못할 것이다. 앞으로 일어날 일을 내가 다 알고 있으니, 너희는 마음에 근심하지 말아라!"

실패는 예측되어 있으며, 그런 중에도 우리는 예수를 신뢰할 수 있다.

그것은 이 이야기에서 베드로가 발견한 세 번째, 마지막 진리와 연결된다(사실, 그것은 마태가 들려주는 이 이야기 이후에 일어난 일이다. 왜냐하면 앞서 언급했듯이, 마태복음에서는 이 시점 후로 더는 베드로를 볼 수 없기 때문이다. 하지만 다른 복음서에서는 우리에게 행복한 결말을 들려준다). 베드로는 실패가 사실이고, 실패가 예상되어 있을 뿐만 아니라 실패가 용서를 받는다는 것을 깨닫는다.

실패는 용서받는다

의심할 나위 없이 베드로의 눈물은 후회의 눈물이었다. 하지만 궁극적으로 베드로의 회복으로 이어지는 회개의 눈물이기도 했다. 어떻게 그런 일이 일어났을까? 누가와 요한이 우리에게 답을 준다. 누가는 어떻게 예수가 베드로의 믿음을 위해 기도하셨는지를 말해주며, 요한은 어떻게 예수가 베드로의 사랑을 철저히 점검하셨는지를 말해준다. 이 두 가지가 베드로를 회복으로 이끈 열쇠였다.

예수가 베드로의 믿음을 위해 기도하셨다

(눅 22:31~32)

누가는 예수가 베드로가 그분을 세 차례 부인할 것이라고 경고하시기 직전에 베드로에게 "시몬아, 시몬아, 보라 사탄이 너희를 밀 까부르듯 하려고 요구하였으나, 그러나 내가 너를 위하여 네 믿음이 떨어지지 않기를 기도하였노니 너는 돌이

킨 후에 네 형제를 굳게 하라"(눅 22:31~32)라고 말씀하셨다고 기록한다. 그리고 예수의 이 기도는 분명히 응답을 받았다.

물론 베드로의 담력은 실패했다. 그렇다. 그의 용기는 실패했다. 하지만 결국 베드로의 믿음은 실패하지 않았다. 어떻게 그럴 수 있는지는 모르겠지만, 베드로도 몰랐을 것으로 생각하지만, 어떤 방식으로, 자신의 내면 어딘가에서 베드로는 그런 지독하고 파괴적인 경험을 거치면서도 계속해서 예수를 신뢰했다. 베드로의 믿음은 실패하지 않았다. 예수가 그의 믿음이 실패하지 않도록 기도하셨기 때문이다. 나는 베드로가 바깥 어두운 곳으로 나가면서도 고통 속에서 자신이 벗어나기 위해 도망치던 그 사람들이 비웃는 소리뿐만 아니라 불과 몇 시간 전에 예수가 하신 말씀이 메아리처럼 울리는 것을 들었을 것으로 생각한다. "하나님을 믿어라. 또한 나를 믿어라. … 베드로야, 나를 믿어라. 나를 따르기 시작한 그 첫날 그랬듯이 계속해서 나를 믿어라. 나를 믿어라. 나를 믿어라."

당신은 예수를 실망하시게 했는가?

물론 그랬다. 더 적절한 물음은 이것이다. 당신은 언제 마지막으로 예수를 실망하시게 했는가? 그렇다면 핵심 질문은 이것이다. 당신은 아직도 예수를 신뢰하는가?

당신은 다시 예수를 실망하시게 했는가?

물론 그랬다. 물론 나도 그랬다. 그러면 이렇게 물어야 한다. 당신은 아직도 그분을 신뢰하는가?

그 실패에 대해 깊이 부끄러워했는가? 그것에 대해 당혹스

러워했는가? 그것 때문에 기도로 그분께 나아갈 수도 없을 것
처럼 느꼈는가? 물론 그랬다. 그렇다면 이렇게 물어야 한다.
당신은 아직도 예수를 신뢰하는가?

당신이 처음 예수를 믿기로 결단했을 때, 처음 그분을 신뢰
하기로 했을 때, 그리스도인의 삶이 시작되었다. 십자가에서
당신의 삶의 모든 실패와 죄를 담당하신 그분을 믿는데 왜 이
마지막 실패 앞에서 그분을 신뢰하기를 중단하는가?

나는 나이가 더 들수록, 그리스도인의 삶이 더 오래될수록,
나 자신의 실패—대개는 나만 알고 있지만 때로는 다른 이들도 알고
있는—를 더 많이 경험할수록, 나 자신을 신뢰하지 않고 언제
나 되돌아가 "주님, 내가 신뢰하는 분은 바로 주님입니다"라
고 말하는 것이 얼마나 중요한지를 더 절실하게 깨닫는다. 베
드로는 자신을 믿을 수 있다고 생각했다. 그렇지 않은가? 자
신은 예수를 절대로 실망하시게 하지 않겠다고 대담하게 항
의했다. 그는 감옥이라도 가겠다고 말했다! 그는 죽기를 각오
했다고 말했다. 하물며 예수를 부인한다고? 결코 그럴 리 없
다! 베드로는 자신의 용기, 자신의 힘을 믿었다. 하지만 그는
철저히 수치스럽게 무너지고 말았다. 이제 이렇게 물어야 한
다. 이제 당신은 어떻게 할 것인가? 답은 이것이다. 당신을 위
해 기도하시는—당신의 믿음이 살아남을 수 있도록 기도하시는—예
수에게로 돌아가야 한다. 베드로는 자신이 여전히—그것이 무
엇을 뜻하는지 이해할 수도 없었고 상상할 수도 없었지만— 예수를 믿
을 수 있음을 알았다. 베드로의 회복은 계속되는 그의 믿음에

달려 있었고, 예수의 기도에 대한 하나님의 보증된 응답에 달려 있었다.

예수가 베드로의 사랑을 철저히 점검하셨다

(요 21:15~19)

예수는 베드로의 믿음을 위해 기도하셨을 뿐만 아니라 베드로의 사랑을 철저히 점검하셨다. 이 이야기는 요한복음의 마지막 부분에 등장한다. 아주 익숙한 이야기다. 우리가 잘 알고 있는 이야기다. 예수가 고기잡이를 마친 제자들을 위해, 수많은 물고기가 포함된 또 다른 기적을 경험하고 돌아오는 그들을 위해 아침을 만드신다. 그런 다음 모두가 식사를 마치고 아마도 호수를 떠나 함께 걷기 시작하면서 예수는 베드로에게 이 질문을 세 차례 던지신다. "베드로야, 너는 나를 사랑하느냐?"

나는 이 대화가 두 사람이 걸으면서 나눈 사적 대화였을 것으로 생각한다. 왜냐하면 "베드로가 돌이켜 예수께서 사랑하시는 그 제자가 따르는 것을 보니"라고 기록되어 있는데(요 21:20), 이를 통해 예수와 베드로가 함께 걷고 있었으며 뒤에서 따라가던 요한은 예수와 베드로 사이의 대화를 들을 수 있는 유일한 사람이었을 것으로 추측할 수 있다. 물론 이를 확신할 수는 없다. 물론 모든 제자가 듣고 있을 때, 그리고 예수가 (다시 한 번) "나를 따르라"라고 말씀하시기 전에 이 대화가 이뤄졌을 수도 있다.

하지만 상황이 정확히 어떠했든지, 왜 요한만이 베드로의 회복에 관한 이야기를 우리에게 들려주고 있는지 궁금하게 여긴 적이 있는가? 왜 요한일까? 나는 요한이 베드로의 실패를 목격한 유일한 사람(물론 예수를 제외하고)이었기 때문이라고 확신한다.

요한복음 18장을 보라. 예수가 동산에서 군인들에게 체포되셨고 결박당하신 채로 유대인의 법정으로 끌려가신다.

> 시몬 베드로와 또 다른 제자 한 사람이 예수를 따르니 이 제자는 대제사장과 아는 사람이라. 예수와 함께 대제사장의 집 뜰에 들어가고 베드로는 문 밖에 서 있는지라. 대제사장을 아는 그 다른 제자가 나가서 문 지키는 여자에게 말하여 베드로를 데리고 들어오니 ….
>
> (요 18:15~16)

여기서 "그 다른 제자"라는 구절은 대개 요한 자신을 가리키는 것으로 여겨진다. 이것은 요한이 자신을 지칭할 때 사용하는 '익명의' 서명이다. 그는 자신의 복음서에서 이 표현을 수없이 사용한다. "예수가 사랑하시는 그 다른 제자." 따라서 대제사장을 알고 있던 그 사람, 다시 돌아와 문을 지키는 여자에게 말했던 그 사람, 예수가 안나스와 대제사장 가야바 앞에서 심문을 받으시던 뜰로 베드로를 데리고 들어온 사람은 요한이었음이 거의 확실하다.

따라서 요한은 거기 있었다.

그리고 요한은 베드로가 저주하며 예수를 부인하는 이 끔찍한 순간을 보고 들었다. 요한은 베드로가 예수를 모른다고 부인하는 것을—거듭해서— 실제로 지켜보았다. 요한은 베드로가 예수—두 사람 모두 사랑하는 이 예수, 3년 전 자신들이 모든 것을 버리고 따라나섰던 이 예수—를 알지도 못하다고 말하는 것을 들었다. "베드로와 야고보, 요한"—기억하는가? 이들은 가장 친밀한 곳에서 예수를 따랐던 제자들이었다. 그들은 예수와 함께 걷고 이야기를 나누고 음식을 먹지 않았던가? 예수는 베드로의 집을 방문하시고 그의 장모를 고쳐주지 않으셨던가? 베드로는 예수가 메시아, 하나님의 아들이라고 엄숙하게 고백한 바로 그 사람이 아니었던가? 그들은 예수와 함께 변화산에 오르지 않았던가? 그리고 불과 몇 시간 전에 예수가 몸을 굽혀 베드로의 발을 씻기지 않으셨던가? 그리고 지금 요한은 도무지 입이 다물어지지 않는 장면을 목격하고 있다. 베드로가 예수를 알지도 못한다고—반복해서— 부인하는 것을, 그의 거친 갈릴리 사투리 때문에 금세 티가 나는데도 맹세와 신성모독과 저주를 쏟아내며 그분을 부인하는 것을 지켜보고 있다.

요한은 거기에 있었다!

가끔 나는 그 끔찍한 밤이 지난 후 베드로와 요한이 어떻게 서로의 얼굴을 마주할 수 있었을까 궁금해한다. 십자가 처형 후 토요일 두 사람은 정말로 고통스러운 시간을 보냈을 것이다. 베드로는 요한에게 다른 제자들에게 말하지 말아달라고 애원했을까? 요한이 옆에서 듣고 있었는데 베드로는 어떻게 다시 예수를 사랑한다고 말할 수 있었을까? 하지만 실제로 그런 일이 일어났다. 그리고 그것에 관해 우리에게 이야기해주는 사람은 바로 요한이다.

그 일은 베드로의 주도로 일어나지 않았다. 베드로는 그저 외과의사처럼 파고드는 예수의 물음에 대답했을 뿐이다. "베드로야, 너는 나를 사랑하느냐? 너는 이들보다 나를 더 사랑하느냐? 베드로야, 너는 나를 사랑하느냐?" 베드로가 예수를 세 번 부인한 것처럼, 세 번 물으셨다. 연관성은 자명하다. 예수도 아시고, 베드로도 안다. 그리고 요한이 듣고 있다.

하지만 이렇게 물으시는 분은 누구신가? 요한복음 21장의 말씀이다. 이분은 이제 부활하신 예수시다. 이분은 베드로의 모든 죄책과 실패, 수치, 치욕, 죄를 대신 지셨던 예수시다. 예수가 십자가에서 베드로의 모든 수치를 담당하셨다.

그리고 당신의 모든 수치를. 또한 나의 모든 수치를.

수치와 조롱당하시며
나 대신 그분께서 저주 받으셨네.
그분의 피로 내 죄 사함을 인치셨네.
할렐루야! 놀라우신 구세주![6]

그리고 이분이 바로 "베드로야, 너는 나를 사랑하느냐?"라고 물으시는 예수시다.

그리고 베드로는 이렇게 말한다. "주님, 주님, 주님이 아십니다. 주님이 아십니다. 제가 주님을 사랑한다는 것을 주님은 아십니다. 저는 언제나 주님을 사랑했고, 지금도 사랑합니다. 주님을 부인할 때조차도 저는 주님을 사랑했습니다. 그때 제 마음이 찢어졌고 주님의 마음도 찢어졌습니다. 저는 저 자신을 미워했지만, 주님을 사랑했습니다. 그리고 주님, 저는 지금 주님을 사랑합니다. 주님, 주님을 사랑합니다."

그리고 이것이 바로 예수가 듣고 싶어 하셨던 말이었다. (결국, 그는 그분을 위해서 죽었지만) 그분을 위해 죽겠다는 그 모든 맹세가 아니라, "저라고요? 아니오, 아니오. 저는 절대로 주님을 부인하지 않을 것입니다"라며 외치는 소리가 아니라, 예수가 듣고 싶어 하셨던 말은 바로 "주님, 내가 주님을 사랑하는 줄 주님께서 아십니다"였다.

그리고 그것이 바로 요한이 들어야 했던 말이기도 했다. 왜냐하면, 예수가 베드로를 용서하셨다면 그도 역시 베드로를 용서해야 하기 때문이다. 두 사람이 예수를 사랑하듯이 요한은 베드로를 다시 사랑할 수 있었다. 그렇기 때문에 요한은 우리를 위해 이 이야기를 기록해 두었다.

그렇게 실패자 베드로는 용서받은 사람 베드로가 된다.

당신도 그런 적이 있는가? 나는 그런 적이 있다. 특별하고 가증스러운 방식으로 주님을 실망하시게 한 후 말 그대로 주 예수 그리스도 앞에 엎드려 눈물을 흘렸던 경험이 있다. 그때 나는 "주님, 저는 주님을 사랑합니다. 주님, 저에게 자비를 베푸소서. 주님, 나를 용서하소서. 주님, 나를 회복시켜주소서"
라고 거듭 말하면서 시편 32편과 51편을 붙들었다. 그런 경험
을 하고 나서 철저히 회개하고 철저히 잘못을 깨달았지만 기
도가 응답받았음을 깨닫고, 죄 사함과 그리스도의 보혈로 죄
씻음을 얻었다는 따뜻한 안도감을 알게 되어 다시 일어난다
는 것이 무엇을 뜻하는지 나는 알고 있다.

　이것이 베드로의 부인에 관한 이야기다. 이것은 충격적인
이야기다. 하지만 결국 이것은 안전한 이야기다. 이것은 십자
가 이야기 안에 자리를 잡고 있기에 '안전하다.' 그렇다. 당신
과 나의 실패처럼 베드로의 실패는 그가 결코 부인할 수 없었
던 사실이었다. 당신과 나의 실패처럼, 예수는 베드로의 실패
를 미리 아셨다. 하지만 가장 중요한 것은, 당신과 나의 실패
가 용서받을 수 있는 것처럼 십자가의 속죄하고 치유하며 깨
끗하게 하는 보혈 때문에 베드로의 실패가 용서받았다는 것
이다.

　그래서 이 이야기가 복음 안에 들어있다. 왜냐하면, 그것은
좋은 소식이기 때문이다.

Prayer.
하나님의 성령께서 그분의 말씀을 통해 우리의 마음을(사람
들과 설교자 모두를) 만지셨을 것이라고 확신합니다. 그렇다
면 우리의 마음과 양심 안에서 움직이시는 성령의 역사에 대
해 우리는 어떻게 반응해야 할까요? 이런저런 모습으로, 작은

일로 혹은 큰 일로 우리는 예수를 실망하게 했음을 우리는 알고 있습니다. 반복적으로 우리는 그분을 부인하고 그분을 실망하게 했습니다. 아마도 우리 중에는 심각하고 중대한 방식으로 그분을 부인하고 실망하게 한 사람도 있을 것이며, 이 순간도 그것 때문에 마음속 깊이 부끄러움을 느끼고 있을지도 모릅니다. 지금도 그것에 대해 눈물을 흘리고 있을지도 모릅니다. 하지만 괜찮습니다. 이곳은 안전한 곳입니다. 그리고 우리는 친구들 사이에 있습니다. 우리는 대제사장의 뜰에 있지 않습니다. 우리는 조롱당하고 있지 않습니다. 우리는 심문받고 있지 않습니다. 우리는 하나님과 성령의 임재 안에 있습니다. 그러므로 여러분의 마음에 있는 것을 그대로 가져와 주 앞에 꺼내놓으십시오. 그분은 알고 계십니다. 그분은 모든 것을 알고 계십니다. 그러니 더는 숨기지 마십시오. 그리고 예수가 던지시는 물음을 들어보십시오. "네가 나를 사랑하느냐? 네가 나를 믿느냐?" 다시 십자가로, 주 예수 그리스도의 보혈로 돌아와 그분의 용서를 구하십시오. 우리가 죄를 짓지 않았다고 말하면 우리가 스스로 속이는 것이며 진리가 우리 안에 없다고 말한 바로 그 요한이, 만약 우리가 우리 죄를 자백하면 하나님은 미쁘시고 의로우셔서 우리 죄를 용서하시고 우리를 모든 불의에서 깨끗하게 하실 것이라고 말했습니다. 이것이 복음의 약속입니다. 그 약속으로 돌아와 그것을 받아들이고 주 예수 그리스도께서 주시는 용서의 말씀을 들으십시오. 그분의 이름으로 기도합니다. 아멘.

모
욕
과

낙
원

03

누가복음 23장 26~43절

26 그들이 예수를 끌고 갈 때에 시몬이라는 구레네 사람이 시골에서 오는 것을 붙들어 그에게 십자가를 지워 예수를 따르게 하더라

27 또 백성과 및 그를 위하여 가슴을 치며 슬피 우는 여자의 큰 무리가 따라오는지라

28 예수께서 돌이켜 그들을 향하여 이르시되 예루살렘의 딸들아 나를 위하여 울지 말고 너희와 너희 자녀를 위하여 울라

29 보라 날이 이르면 사람이 말하기를 잉태하지 못하는 이와 해산하지 못한 배와 먹이지 못한 젖이 복이 있다 하리라

30 그 때에 사람이 산들을 대하여 우리 위에 무너지라 하며 작은 산들을 대하여 우리를 덮으라 하리라

31 푸른 나무에도 이같이 하거든 마른 나무에는 어떻게 되리요 하시니라

32 또 다른 두 행악자도 사형을 받게 되어 예수와 함께 끌려 가니라

33 해골이라 하는 곳에 이르러 거기서 예수를 십자가에 못 박고 두 행악자도 그렇게 하니 하나는 우편에, 하나는 좌편에 있더라

34 이에 예수께서 이르시되 아버지 저들을 사하여 주옵소서 자기들이 하는 것을 알지 못함이니이다 하시더라 그들이 그의 옷을 나눠 제비 뽑을새

35 백성은 서서 구경하는데 관리들은 비웃어 이르되 저가 남을 구원하였으
니 만일 하나님이 택하신 자 그리스도이면 자신도 구원할지어다 하고

36 군인들도 희롱하면서 나아와 신 포도주를 주며

37 이르되 네가 만일 유대인의 왕이면 네가 너를 구원하라 하더라

38 그의 위에 이는 유대인의 왕이라 쓴 패가 있더라

39 달린 행악자 중 하나는 비방하여 이르되 네가 그리스도가 아니냐 너
와 우리를 구원하라 하되

40 하나는 그 사람을 꾸짖어 이르되 네가 동일한 정죄를 받고서도 하나
님을 두려워하지 아니하느냐

41 우리는 우리가 행한 일에 상당한 보응을 받는 것이니 이에 당연하거
니와 이 사람이 행한 것은 옳지 않은 것이 없느니라 하고

42 이르되 예수여 당신의 나라에 임하실 때에 나를 기억하소서 하니

43 예수께서 이르시되 내가 진실로 네게 이르노니 오늘 네가 나와 함께
낙원에 있으리라 하시니라

개인적 논평
설교를 준비하면서

이 설교를 준비하면서 나는 누가의 이야기에 집중하고 그가 십자가 이야기를 전하는 독특한 방식을 보여주기를 원했다. 이 설교는 부활절 전 몇 주 동안 여러 설교자가 누가복음 22~24장을 나눠서 설교한 내용 중 일부였는데, 내가 한 설교는 23장 26~43절을 본문으로 삼았다.

장면 나누기

나는 이 본문을 반복해서 읽으면서 그 '안으로 들어가' 묘사와 성경 인용, 인물들이 하는 말을 통해 누가가 무엇을 전하려고 했는지 알아내려고 노력했다.

내가 첫 번째로 알아차린 것은 누가가 네 부류의 행위자들로 이뤄진 네 장면을 우리에게 보여주고 있다는 점이다. 이런 본문이 마치 영화 대본인 것처럼 읽어보면 '카메라 각도'가 바뀌는 지점—갑자기 새로운 인물이나 새로운 장면을 보게 될 때—을 알아차릴 수 있다. 영화감독은 장면이 바뀔 때 당신이 무엇을 보고 듣기를 원하는가? 그런 상상력으로 이 이야기를 읽으면서 나는 이런 내용을 보고 '들었다.'

- ◆ 십자가형을 받기 위해 가는 길에 여인들과 나누신 대화
- ◆ 군인들이 예수를 십자가에 못 박을 때 그들이 한 행동
- ◆ 구경꾼과 다른 이들의 조롱
- ◆ 예수의 양쪽 곁에서 십자가에 못 박힌 범죄자들과의 대화

하지만 각각의 경우 누가가 명시적으로든, 의도적인 반향이나 암시를 통해서든 독자들이 각 장면에 의미—우리가 본문을 읽을 때 '눈'으로 보는 단순한 사실을 넘어서는 더 심층적인 의미—를 부여하는 구약성경을 떠올리게 한다는 점에 주목했다. 누가는 매우 노련한 작가다. 그는 아이들도 이해할 수 있는 방식으로 글을 쓴다. 그는 그저 갈보리에서 그 무시무시한 시간 동안 무슨 일이 일어났는가에 관해 이야기한다. 하지만 그는 구약성경을 아는 사람들이라면 중요한 성경 구절이 인용되고 있음을 알아차리고, 따라서 단순한 사실의 표면 아래를 볼 수 있게 하는 방식으로 그 이야기를 서술한다.

따라서 나는 누가의 이야기를 순서대로 따라가면서 그런 구약성경 구절을 보여주겠다고 마음먹었다. 나는 성경 전체에 대한 우리의 이해를 심화하는 데에 도움이 된다면 구약과 신약을 연결하는 노력이 대체로 유익하다고 생각한다. 그리고

누가는 독자들이 그렇게 하기를 기대하는 것처럼 보이기 때문에 이 설교는 그렇게 해볼 기회인 것처럼 보였다. 그래서 나는 이 본문을 "성경으로 가득 차 있는 네 장면"이라고 불렀다.

반복에 대해 주목하기

내가 다음으로 주목한 것은 누가가 같은 구절을 세 번 사용하고 있다는 점이다.

- "자신도 구원할지어다"
- "너를 구원하라"
- "너와 우리를 구원하라"

이런 식의 반복은 우연일 리가 없다. 누가는 무언가를 주장하고 있다. 그의 주장은 무엇인가?

물론 그것은 십자가 주위에 있던 거의 모든 사람이 예수를 조롱하면서 그에게 십자가로부터 자신을 구원해보라고 요구하고 있다는 것이다. 물론 그들은 그분이 십자가에 못 박혀 있기에 절대로 그렇게 할 수 없다고 생각했다. 하지만—그들이 그분을 체포하러 왔을 때 그분이 말씀하셨듯이— 예수는 그 순간 천사의 부대를 불러 자신을 구하라고 명하실 수도 있었다. 그분은 자신을 구하실 수도 있었다. 하지만 그러지 않기로 작정하셨다. 우리를 구원하기 위해서 예수는 자신을 구원하지 않기로 작정하셨다는 점을 누가는 분명히 한다. 예수는 우리를 위해 자신의 생명을 내어주고, 십자가에서 자신을 구원하지 않기로 작정하셨다.

따라서 나의 설교에서 나는 이 점을 최대한 강하게 역설했다. 그렇게 해야 한다고 생각했던 것은 반복되는 단어에 주목했기 때문이다. 성경 저자가 같은 본문에서 한 단어나 구절을 반복한다면 이 점에 주목하고 이렇게 물어야 한다. 왜? 대개는 이런 물음을 던지는 것만으로도 저자가 우리에게 보여주기를 원하는 본문의 더 심층적인 의미를 깨달을 수 있다.

예수의 말씀에 귀 기울이기

예수가 십자가 위에서 하신 일곱 말씀—그들이 실제로 그분을 십자가에 못 박은 후에 그분이 하신 말씀—이 기록되어 있다. 그중 둘은 누가복음의 이 본문에 등장한다. 따라서 설교에서 이를 언급하고 강조하는 것이 옳다고 생각했다. 한 말씀은 군인들을 위한 그분의 기도였다. "아버지, 저들을 사하여 주옵소서. 자기들이 하는 것을 알지 못함이니이다." 다른 한 말씀은 회개하는 범죄자에게 그분이 주신 약속이었다. "오늘 네가 나와 함께 낙원에 있으리라." 기도와 약속, 둘 다 특별하고 놀랍다. 우리는 이 말씀을 어떻게 이해해야 할까? 이 말씀은 오늘 우리에게 무엇을 가르치는가?

따라서 나의 설교는 "넷—셋—둘"이 되었다. 그리고 나는

이 모든 것이 하나―누가의 눈을 통해 본 부활절의 참된 의미―로 귀
결됨을 지적하면서 설교를 마무리했다.

모욕과 낙원

누가복음 23장 26~43절[1]

그들이 예수를 끌고 갈 때에 시몬이라는 구레네 사람이 시골에서 오는 것을 붙들어 그에게 십자가를 지워 예수를 따르게 하더라. 또 백성과 및 그를 위하여 가슴을 치며 슬피 우는 여자의 큰 무리가 따라오는지라. 예수께서 돌이켜 그들을 향하여 이르시되, "예루살렘의 딸들아 나를 위하여 울지 말고 너희와 너희 자녀를 위하여 울라. 보라. 날이 이르면 사람이 말하기를, '잉태하지 못하는 이와 해산하지 못한 배와 먹이지 못한 젖이 복이 있다' 하리라.

'그 때에 사람이 산들을 대하여 우리 위에 무너지라' 하며 작은 산들을 대하여 '우리를 덮으라' 하리라.

푸른 나무에도 이같이 하거든 마른 나무에는 어떻게 되리요?" 하시니라.

또 다른 두 행악자도 사형을 받게 되어 예수와 함께 끌려 가니라. 해골이라 하는 곳에 이르러 거기서 예수를 십자가에 못 박고 두 행악자도 그렇게 하니 하나는 우편에, 하나는 좌편에 있더라. 이에 예수께서 이르시되, "아버지, 저들을 사하여 주옵

112

소서. 자기들이 하는 것을 알지 못함이니이다" 하시더라. 그
들이 그의 옷을 나눠 제비 뽑을새, 백성은 서서 구경하는데 관
리들은 비웃어 이르되, "저가 남을 구원하였으니 만일 하나님
이 택하신 자 그리스도이면 자신도 구원할지어다" 하고, 군인
들도 희롱하면서 나아와 신 포도주를 주며 이르되, "네가 만
일 유대인의 왕이면 네가 너를 구원하라" 하더라.
그의 위에 '이는 유대인의 왕이라' 쓴 패가 있더라.
달린 행악자 중 하나는 비방하여 이르되, "네가 그리스도가
아니냐? 너와 우리를 구원하라!" 하되, 하나는 그 사람을 꾸짖
어 이르되, "네가 동일한 정죄를 받고서도 하나님을 두려워하
지 아니하느냐? 우리는 우리가 행한 일에 상당한 보응을 받는
것이니 이에 당연하거니와 이 사람이 행한 것은 옳지 않은 것
이 없느니라" 하고 이르되, "예수여, 당신의 나라에 임하실 때
에 나를 기억하소서." 하니, 예수께서 이르시되, "내가 진실로
네게 이르노니, 오늘 네가 나와 함께 낙원에 있으리라" 하시
니라.

(눅 23:26~43)

"우리는 십자가에 못 박힌 그리스도를 전하니"라고 사도 바
울은 말했다. 이 말은 단순하게 들린다―그냥 한 가지에 관해
서만 말하겠다는 말처럼 들린다(물론 바울은 엄격히 문자적인 의
미에서 그렇게 말한 것은 아니다. 그는 많은 것에 관해 말하고 썼지만, 그

모든 것이 십자가에 달려 죽으시고 부활하신 그리스도의 복음에 관한 것이었다). 하지만 누가복음의 이 본문에 기록된 십자가의 이야기를 보면 거기에는 단순한 것과 심오한 것이 놀랍게 결합해있음을 알 수 있다. 이토록 단순하고 꾸미지 않고 선정적이지않은 방식으로 이 매혹적인 이야기를 제시하는 동시에 독자들을 위해 그것을 통찰과 성경적 의미의 심오한 구조로 엮어내는 누가의 기교에 나는 놀라움을 금할 수가 없다.

이 본문을 피상적으로 읽기만 해도 누가가 우리에게 말하고자 하는 핵심을 이해할 수 있다. 누가가 23장의 이 짧은 본문에서 우리에게 이야기하는 바를 이렇게 요약해볼 수 있다.

> 이 사람 나사렛 예수는 아무런 잘못도 없는 무고한 사람이었다. 그는 불의하게 처형되었지만, 그는 죽으면서도 자신의 원수들을 용서했다. 그는 죽으면서 회개하는 죄인에게 영원한 생명을 약속했다. 그가 자신도 구원할 수 없다고 그를 조롱했던 이들조차도 구원하기 위해 그는 죽었다.

누가의 서사를 이렇게 짧게 피상적으로 요약해도 그 안에는 복음의 진리가 담겨 있다.

그러나 이 단순한 이야기의 이면에서 누가는 우리에게 도전하며 우리를 격려하는 더 위대한 심층적 의미와 진리를 바라볼 것을 권한다. 먼저 나는 성경으로 가득 차 있는 네 장면을 살펴보고자 한다. 그런 다음 둘째로 아이러니로 가득 차 있는 세 유혹을 살펴보고자 한다. 그리고 마지막으로 소망으로 가득 차 있는 두 말씀을 살펴보고자 한다. 따라서 이것은 넷-셋-둘 설교로서 부활절을 바라보는 우리를 하나의 결론으로 이끌 것이다.

성경으로 가득 차 있는 네 장면

먼저 누가가 우리 앞에 펼쳐놓은 네 장면, 성경으로 가득 차 있는 네 장면을 살펴보자. 어떤 의미에서 누가는 그저 사건을 보도할 뿐이다. 그는 예수의 십자가형이 시작되기 전과 진행될 때 공포로 가득한 그 몇 시간 동안 일어난 네 가지 일을 서술할 뿐이다. 하지만 누가는 마치 자신이 묘사하는 사건의 의미에 '색을 칠하는' 것처럼 구약성경을 직접 인용하거나 구약의 가장 잘 알려진 본문을 암시한다.

장면 1: 우는 여인들
(26~31절, 성경의 메아리: 호 10:8)

> **호세아 10:8**
> 이스라엘의 죄 곧 아웬의 산당은 파괴되어 가시와 찔레가 그 제단 위에 날 것이니 그 때에 그들이 산더러 우리를 가리라 할 것이요 작은 산더러 우리 위에 무너지라 하리라

예수는 십자가형을 받게 될 곳으로 가시는 중이다. 시몬이

예수가 못 박히실 무거운 십자가를 옮기고 있으며, 그분을 따라가던 여인들이 슬피 운다. 그때 예수가 멈춰 그들에게 말씀하신다. 그들에게 "나를 위해 울지 말고 너희 자신을 위해 울어라. 왜냐하면, 이보다 훨씬 더 나쁜 일이 이 도시에서 일어날 것이기 때문이다."

이로써 예수는 누가복음에서 네 번째로 주후 70년, 즉 그분이 죽고 약 40년이 지나서 일어난 예루살렘의 함락과 파괴를 명시적으로 예언하신다. 다른 예언들은 누가복음 13장 34~35절과 19장 41~44절, 21장 20~24절에 기록되어 있다. 29절에서 예수가 하신 말씀은, 지금은 아이가 없어서 동정을 받는 여인들이 그 사건이 일어날 때는 오히려 운이 좋다고 여겨질 것이라는 뜻이다. 왜냐하면, 그들은 함락 기간 중 부양해야 할 사람도 없을 것이며 자녀가 고난을 당하며 아사하거나 적국 병사들에게 살해당하는 것을 고통스럽게 지켜보지 않아도 될 것이기 때문이다.

누가복음 13:34~35

예루살렘아 예루살렘아 선지자들을 죽이고 네게 파송된 자들을 돌로 치는 자여 암탉이 제 새끼를 날개 아래에 모음 같이 내가 너희의 자녀를 모으려 한 일이 몇 번이냐 그러나 너희가 원하지 아니하였도다 보라 너희 집이 황폐하여 버린 바 되리라 내가 너희에게 이르노니 너희가 주의 이름으로 오시는 이를 찬송하리로다 할 때까지는 나를 보지 못하리라 하시니라

누가복음 19:41~44

가까이 오사 성을 보시고 우시며 이르시되 너도 오늘 평화에 관한 일을 알았더라면 좋을 뻔하였거니와 지금 네 눈에 숨겨졌도다 날이 이를지라 네 원수들이 토둔을 쌓고 너를 둘러 사면으로 가두고 또 너와 및 그 가운데 있는 네 자식들을 땅에 메어치며 돌 하나도 돌 위에 남기지 아니하리니 이는 네가 보살핌 받는 날을 알지 못함을 인함이니라 하시니라

누가복음 21:20~24

너희가 예루살렘이 군대들에게 에워싸이는 것을 보거든 그 멸망이 가까운 줄을 알라 그 때에 유대에 있는 자들은 산으로 도망갈 것이며 성내에 있는 자들은 나갈 것이며 촌에 있는 자들은 그리로 들어가지 말지어다 이 날들은 기록된 모든 것을 이루는 징벌의 날이니라 그 날에는 아이 밴 자들과 젖먹이는 자들에게 화가 있으리니 이는 땅에 큰 환난과 이 백성에게 진노가 있겠음이로다 그들이 칼날에 죽임을 당하며 모든 이방에 사로잡혀 가겠고 예루살렘은 이방인의 때가 차기까지 이방인들에게 밟히리라

그런 다음 예수는 호세아 10장 8절 말씀을 인용하신다. 북이스라엘 왕국의 수도 사마리아가 앗시리아에 파괴된 때에 관한 말씀이다. 이 사건은 주전 721년에 일어났으며 호세아와 아모스가 이를 예언한 바 있다. 따라서 예수는 과거의 일에 관한 이 본문을 취해 미래에 적용하신다. "예루살렘에도 그와 똑같은 일이 일어날 것이다. 사람들은 차라리 산이 자신들 위

로 무너지기를 바랄 것이다. 함락과 그 뒤로 이어질 파괴로 고통을 당하기보다는 죽어서 묻히기를 원할 것이기 때문이다."

그리고 나서 예수는 31절에서 푸른 나무와 마른 나무에 관한 속담을 인용하신다. 이 속담은 아마도 이런 뜻일 것이다. "너희는 이것이 나쁘다고 생각하겠지만 앞으로 훨씬 더 나쁜 일이 닥칠 것이다." 예수의 말씀은 이런 뜻이다. "지금 나에게 일어나는 일을 지켜보는 것은 끔찍한 일일 것이다. 하지만 끝까지 하나님을 거부하고 하나님의 구원자를 거부하는 이들에게는 더 나쁜 일이 닥칠 것이다." 그리고 예수가 인용하신 호세아 10장 8절이 요한계시록 6장 16절에도 기록되어 있다(계 6:16 산들과 바위에게 말하되 우리 위에 떨어져 보좌에 앉으신 이의 얼굴에서와 그 어린 양의 진노에서 우리를 가리라). 거기서 이 말씀은 끔찍한 마지막 심판의 날에 하나님의 진노와 심판을 직면할 사람들이 부르짖는 말이 된다. 그들은 하나님의 진노를 직면하느니 차라리 땅에 묻히기를 원할 테지만 그들은 빠져나갈 수 없을 것이다.

따라서 예수는—임박한 죽음을 앞두고 있는 순간에도— 더 나쁜 일이 일어날 것이라고 말씀하신다. 더 '나쁜' 일이란 가까운 미래의 일(주후 70년 예루살렘의 파괴)일 뿐만 아니라 궁극적인 미래, 최후의 심판이기도 하다. 이에 대해 우리는 예수가 우리를 위해 하나님의 심판을 담당하셨던 십자가 아래에서 피난처를 찾을 수도 있고, 마지막 날에 그분 앞에서 설 때 하나님의 심판을 피할 어떤 피난처를 찾지 못할 수도 있다.

장면 2: 비정한 군인들

(32~34절, 성경의 메아리: 시 22:18)

시편 22:18

내 겉옷을 나누며 속옷을 제비 뽑나이다

누가는 십자가의 계산된 잔인함을 자세히 설명하지 않는다. 그는 피와 땀, 배설물, 파리, 극심한 고통, 수치스러운 벌거벗음, 오랜 탈수로 인한 견딜 수 없는 통증에 대해 전혀 언급하지 않고 그저 십자가형을 보고할 뿐이다("거기서 예수를 십자가에 못 박고"). 그는 로마 제국 하에서 이 글을 쓰고 있었다. 사람들은 십자가형이 무엇인지를 알고 있었다. 그들에게는 자세한 설명이 필요 없었다.

하지만 이를 집행한 이들—로마 군인들—은 어땠는가? 그들에게는 그날 해야 할 일일 뿐이었다. 그들은 전에도 수없이 이 일을 했다. 그저 또 다른 세 명의 불행한 사람들을 십자가에 못 박고 들어 올려 죽게 하는 일일 뿐이다. 그들은 평소와 다름없었고 무감각했으며 그들이 잔인하게 다루고 있던 그분이 누구인지 전혀 알지 못했다. 군인들에게는 군이 알 필요가 없었던 일이었다. '아마도 테러리스트들이겠지. 차라리 죽는 편이 나아'라고 생각했다. 일을 마치고 그들은 앉아서 기다렸다. 서둘러서 다리를 부러뜨려 숨을 쉴 수 없게 만들지 않는다면 십자가에 못 박힌 사람이 죽을 때까지 며칠이 걸릴 수도 있다. 지루함을 달래기 위해 그들은 가벼운 내기를 했다. 그들은 모여서 예수가 이 땅에서 소유하셨던 유일한 물건—이미 그분한 테서 벗겨낸 그분의 옷—을 모았다. 내기에서 이긴 운좋은 군인은 나중에 그것을 시장에 내다 팔아 몇 세겔이라도 건질 수 있을 것이다.

여기서 누가는 "그들이 그의 옷을 나눠 제비 뽑을새"라고만 말한다. 하지만 "들을 귀"가 있는 사람은 이것이 시편 22편을 반향한다는 것을 알아차릴 것이다.

이 시편은 "내 하나님이여 내 하나님이여 어찌 나를 버리셨나이까?"라는 말로 시작된다. 마가는 예수가 십자가에 못 박히셨을 때 이 말씀을 외치셨다고 기록하고 있으며(막 15:34 제구시에 예수께서 크게 소리 지르시되 엘리 엘리 라마 사박다니 하시니 이를 번역하면 나의 하나님, 나의 하나님 어찌하여 나를 버리셨나이까 하는 뜻이라), 누가는 마가복음을 알고 있었다. 하지만 이것은 "다 이루어졌다! 하나님이 이를 행하셨다"라는 말씀으로 끝나는 시편이기도 하다. 그리고 요한은 예수가 자신의 생명을 내려놓고 숨을 거두시기 전에 고통의 절정에서 이 말씀을 외치셨다고 말한다(요 19:30 예수께서 신 포도주를 받으신 후에 이르시되 다 이루었다 하시고 머리를 숙이니 영혼이 떠나가시니라 – 이 말씀의 의미에 관해서는 5장에서 살펴볼 것이다).

따라서 이 시편이 처음부터 마지막까지 이미 예수의 의식을 가득 채우고 있었다. 이 시편이 그분의 마음과 생각, 입술에 담겨 있었다. 아래의 짧은 발췌문을 보라.

개들이 나를 에워쌌으며

악한 무리가 나를 둘러

내 수족을 찔렀나이다.

내가 내 모든 뼈를 셀 수 있나이다.

그들이 나를 주목하여 보고

내 겉옷을 나누며 속옷을 제비 뽑나이다.

(시 22:16~18)

이것이 바로 누가가 우리에게 들려주고 싶었던 메아리다.

따라서 이 시편은 고통—예수가 그 순간 견디셨던 고통—을 표현한다. 하지만 하나님에 대한 확신을 표현하고 있기도 하다. 왜냐하면 예수는 고통 가운데 죽으셨지만 절망 가운데 죽지는 않으셨기 때문이다. 바로 다음 절에서는 "여호와여, 멀리하지 마옵소서 … 내 생명을 칼[즉 '죽음']에서 건지시며 …"라고 말한다. 그리고 하나님은 정말로 그렇게 하셨다. 예수가 죽음으로부터 건짐을 받았다는 뜻이 아니라 하나님이 죽음—그분은 정말로 죽으셨다—을 통해 부활의 능력으로 그분을 건지셨다는 뜻이다. 계속해서 이 시편에서는 온 땅이 하나님의 승리를 기뻐하며 모든 나라의 모든 족속이 와서 그분을 예배할 것이라고 노래한다(27절). 시편 22편에서는 끔찍한 고통과 동시에 놀라운 승리에 대해 이야기한다!

따라서 군인들의 탐욕스러운 내기를 통해 누가는 그리스도의 죽음과 그로 인해 나타날 미래의 의미를 해석하는 데 있어서 매우 중요한 성경 본문을 우리에게 제시한다.

장면 3: 조롱하는 구경꾼들

(35~39절, 성경의 메아리: 시 69:21)

> **시편 69:21**
>
> 그들이 쓸개를 나의 음식물로 주며 목마를 때에는 초를 마시게 하였사
> 오니

거의 모든 사람이 예수를 조롱하고 비웃었던 것처럼 보인
다. 잠시 후 우리는 그들이 하는 말을 살펴볼 것이다. 하지만
군인들이 조롱에 가담할 때 그들은 여기에 동작을 더한다. 그
들은 예수에게 신 포도주를 주었다. 요한은 예수가 가쁜 숨
을 내쉬며 목이 마르다고 말씀하셨을 때, 누군가가 스펀지를
신 포도주에 적셔 막대기에 매달아 그분의 입에 대었다고 말
한다(요 19:28~29 그 후에 예수께서 모든 일이 이미 이루어진 줄 아시
고 성경을 응하게 하려 하사 이르시되 내가 목마르다 하시니 거기 신 포
도주가 가득히 담긴 그릇이 있는지라 사람들이 신 포도주를 적신 해면을
우슬초에 매어 예수의 입에 대니). 하지만 누가는 신 포도주에 대
해서만 언급하며 이를 조롱의 맥락 안에 배치한다.

다시 한 번 누가는 또 하나의 시편을 암시하는 것처럼 보인
다. 마치 그것을 렌즈처럼 사용해 그것을 통해 지금 일어나는
일을 이해하려는 것처럼 보인다. 그 시편은 시편 69편이다. 역
시 불의한 고통과 학대를 당하고 있던 사람이 쓴 시편이다. 그

리고 그 고통 가운데서 시편 기자는 하나님께 부르짖는다.

주께서 나의 비방과 수치와 능욕을 아시나이다.
나의 대적자들이 다 주님 앞에 있나이다.
비방이 나의 마음을 상하게 하여
근심이 충만하니
불쌍히 여길 자를 바라나 없고
긍휼히 여길 자를 바라나 찾지 못하였나이다.
그들이 쓸개를 나의 음식물로 주며
목마를 때에는 초를 마시게 하였사오니

(시 69:19~21)

하지만 이 시편의 나머지도 읽어보라. 고통당하던 이 사람
은 하나님이 결국 그를 구원하실 것을 철저히 확신하고 있으
며, 이 시편의 마지막 부분에서는 하늘과 땅을 향해서도 하나
님을 찬양하라고 말한다. 다시 한 번 누가는 시편 22편의 메아
리를 통해 우리가 이것을 이해하기를 바란다. 즉 우리가 그리
스도의 죽음을 둘러싸고 일어난 일들을 바라볼 때, 이를 통해
우리는 그것이 전적인 패배가 아니고, 소망이 존재하며, 하나
님이 여전히 통제하고 계시고, 우리에게는 여전히 그분을 찬
양할 이유가 있다는 것을 보여주는 성경 구절들을 되새길 수
있다.

장면 4: 회개하는 범죄자

(40~43절, 성경의 메아리: 사 53:6~9)

> **이사야 53:6~9**
>
> 우리는 다 양 같아서 그릇 행하여 각기 제 길로 갔거늘 여호와께서는 우리 모두의 죄악을 그에게 담당시키셨도다 그가 곤욕을 당하여 괴로울 때에도 그의 입을 열지 아니하였음이여 마치 도수장으로 끌려가는 어린 양과 털 깎는 자 앞에서 잠잠한 양 같이 그의 입을 열지 아니하였도다 그는 곤욕과 심문을 당하고 끌려갔으나 그 세대 중에 누가 생각하기를 그가 살아 있는 자들의 땅에서 끊어짐은 마땅히 형벌 받을 내 백성의 허물 때문이라 하였으리요 그는 강포를 행하지 아니하였고 그의 입에 거짓이 없었으나 그의 무덤이 악인들과 함께 있었으며 그가 죽은 후에 부자와 함께 있었도다

사복음서 모두에서 예수와 나란히, 양쪽에 각각 한 사람씩 십자가에 못 박힌 다른 두 남자가 있었다고 말한다. 누가는 그들이 범죄자였다고 말한다. 마태와 누가는 정치적 열심당원들, 그 당시의 자유 투사들—기회가 있을 때마다 로마인들을 살해했던 게릴라들—을 묘사하는 단어를 사용한다. 요즘이라면 그들은 아마도 테러리스트들이라고 불렸을 것이다. 로마인들은 그들을 그렇게—폭력적인 종교적 극단주의자들이라고— 여겼을 것이다.

하지만 그중 하나가 지금 일어나고 있는 일의 불의함을 깨닫고 말을 한다. 그가 한 말은 하나의 차원에서는 단순한 사실

의 표현이었지만 또 다른 차원에서는 그가 이해할 수 있었던 것보다 훨씬 더 심오한 신학의 표현이었다. 사형을 당하던 테러리스트는 "우리는 우리가 행한 일에 상당한 보응을 받는 것이니 이에 당연하거니와 이 사람이 행한 것은 옳지 않은 것이 없느니라"라고 말한다. 그가 한 말의 뜻은 "우리는 유죄지만 그분은 무고하시다. 그분이 죽으시는 이유가 무엇이든, 그분 자신의 죄 때문은 아니다"라는 뜻이다.

누가는 이 범죄자의 말을 통해 우리가 이사야 53장의 메아리를 듣기 원했을 것이라고 나는 확신한다. 우리는 주의 종에 관한 이 익숙한 말씀을 잘 알고 있다.

> 그가 찔림은 우리의 허물 때문이요,
> 그가 상함은 우리의 죄악 때문이라.
> 그가 징계를 받으므로 우리는 평화를 누리고
> 그가 채찍에 맞으므로 우리는 나음을 받았도다.
> 우리는 다 양 같아서 그릇 행하여
> 각기 제 길로 갔거늘
> 여호와께서는 우리 모두의 죄악을
> 그에게 담당시키셨도다 …
> 그는 강포를 행하지 아니하였고
> 그의 입에 거짓이 없었으나 …
>
> (사 53:5~6, 9)

예수는 십자가 위에서 (그분 양쪽 옆에 있던 두 사람처럼) 그분이 마땅히 받아야 할 처벌을 받으신 것이 아니라 우리 죄를 지시고 우리를 위해 고통당하셨다. 물론 그분이 하신 일에 관해 말했던 그 범죄자가 이 모든 것을 이해하고 있지는 못했을 수도 있다(하지만 그의 다음 간청을 비추어볼 때 어쩌면 그는 우리가 생각하는 것보다 더 많은 것을 이해하고 있었을지도 모른다). 그러나 누가는 이해했으며, 따라서 우리가 성경의 메시지를 들을 수 있을 수 있는 방식으로 이 대화를 기록했다.

이렇게 누가는 우리 앞에 네 장면—예수가 십자가에 달리셨을 때 일어나거나 발언된 네 가지—을 제시한다. 어떤 의미에서 이 네 가지는 그저 '세부적 상황'—일어났기 때문에 이야기의 일부가 되었을 뿐인—이라고 부를 만한 내용일 뿐이다. 하지만 성경을 인용하거나 반향함으로써 누가는 우리가 바울이 기록한 바를 깨닫게 만든다(그리고 둘은 가까운 동료였으므로 누가는 틀림없이 이 말을 바울한테서 들은 적이 있을 것이다). "성경대로 그리스도께서 우리 죄를 위하여 죽으시고"(고전 15:3). 다시 말해서, 그리스도의 죽음은 구약성경에 따라 일어났으며, 구약성경의 성취이고, 구약성경과 조화를 이룬다. 물론 바울은 바로 이어서 "장사 지낸 바 되셨다가 성경대로 사흘 만에 다시 살아나사"라고 말한다(고전 15:4). 그리고 바로 다음 장(눅 24장)에서 누가는 부활하신 예수의 말씀을 통해 예수의 죽음뿐만 아니라 부활까지도 기록된 대로—성경대로—일어났음을 분명히 한다. 따라서 누가가 그리는 네 장면은 그리스도의 십자가에서 일어나고 있던 일에 대한 우리의 이해를 심화시키는 성경의 메아리로 가득 차 있다.

계속해서 여러 사람이 예수에게 던진 이 세 조롱의 말이 정확히 어떤 의미를 담고 있는지를 살펴보자.

아이러니로 가득한 마지막 세 가지 시험

누가는 자신의 서사 안에 그리스도의 마지막 세 가지 시험이라고 부를 만한 것을 심어두었다. 나는 이것이 과한 표현이 아니라고 생각한다. 왜냐하면 여기서 사람들은 세 번씩이나 "자신도 구원할지어다 … 네가 너를 구원하라 … 너와 우리를 구원하라"라는 말로 예수를 조롱하기 때문이다(35~36, 39절). 나는 누가가 광야에서 예수가 마귀에게 시험을 받으신 사건(눅 4:1~13)을 떠올리게 하려고 이 말을 세 차례 기록했다고 생각한다.

마귀의 그 세 가지 시험은 비슷한 힘을 지녔다. 마귀는 예수가 "네가 만일 하나님의 아들이어든 … 네가 만일 하나님의 아들이어든"이라고 말했던 것을 기억할 것이다. 그리고 이제 십자가 위에서 똑같이 비웃음과 의심, 조롱이 담긴 질문이 그분께 던져진다. "만일 하나님이 택하신 자 그리스도이면 …" "네가 만일 유대인의 왕이면 …" "네가 그리스도가 아니냐?" 그리고 그것이 바로 자신의 정체성임을 증명하기 위해서 예수는—사탄이 광야에서 그분을 유혹하였던 것처럼— 자신의 능력을 기적적으로 드러내시며 십자가에서 뛰어내리시기만 하면 되었을 것이다.

광야에서 마귀의 시험은 예수가 하나님의 아들로서 순종의 길, 그분을 고통과 죽음의 길로 이끌 그 길을 피하게 만드는 것을 목표로 삼았다. 마귀는 정치적 권력과 종교적 과시, 굶주린 군중을 사로잡을 수 있는 기적으로 예수를 유혹하려 했다. 죽음이 아닌 모든 것. 그리고 이런 유혹은 그분의 사역 내내 계속되었다. 그분이 행하기 위해 오신 그 일로부터 예수의 시선을 분산시키려고 했던 것은 마귀만이 아니었다. 가이사라 빌립보에서 베드로도 그랬다. 예수의 가족들은 그분께 집으로 돌아와 더는 곤경에 처하지 말라고 말했다. 본디오 빌라도조차도 그분을 석방하고 싶어 했다. 그리고 겟세마네 동산에서 인간으로서 자신의 약함 때문에 그분은 자신 앞에 놓인 운명을 피할 수 있도록 간청하셨지만, "그러나 내 원대로 마시옵고 아버지의 원대로 되기를 원하나이다"라고 말씀하시면서 그런 선택에 저항하셨다(눅 22:42). 그리고 지금—마지막으로, 그분이 실제로 십자가에 못 박혀 계셨을 때조차도— 이 유혹들이 맹렬한 기세로 다시 찾아왔다. 마귀는 다시 한번 세 가지 유혹으로 그분을 시험한다. 그분이 자신을 구원하시고 십자가에서 내려오시게만 한다면 세상을 구원하는 그분의 사명은 결국 실패하고 말 것이다.

따라서 유혹하는 자는 세 부류의 사람들—서로 공통점이 전혀 없는 세 부류의 사람들—을 통해 말한다. 실제로 공통의 적—예수―이 존재한다는 점을 제외하면 그들 중 일부는 서로의 적이기도 했다. 그들은 모두 같은 말을 하지만 전혀 다른 뜻으로 그렇게 말한다. 그리고 그 각각은 그들이 말하고 있다고 생각하는 바와 그 실제 상황의 진리 사이에 풍성한 아이러니를 담고 있다.

종교 지도자들
(35절)

첫째, 종교 지도자들은 "저가 남을 구원하였으니 만일 하나님이 택하신 자 그리스도이면 자신도 구원할지어다"라면서 예수를 비웃는다. 그들의 조롱은 예수의 주장에 대한 거부다. "그는 자신이 메시아라고 생각한다. 그렇지 않은가? 그는 자신이 하나님께서 택하신 자라고 생각한다. 그렇지 않은가? 그는 자신이 구원자라고 생각한다. 그렇지 않은가?" 그리고 그들은 이런 생각을 비웃는다. 그가 지금 어디에 있는지 생각해 보라고 말한다. 로마의 십자가에 못 박힌 그는 다른 이들을 구하기는커녕 자신조차 구할 수 없을 정도로 무력하다.

물론 그것이 예수의 정체성이다. 그분은 하나님이 택하신 메시아이자 구원자이시다. 비극적인 아이러니는 이 종교 지도자들이 예수에 관한 진리를 진술하는 동시에 예수에 관한 진리를 거부하고 있다는 것이다. 이는 얼마나 위험하며 얼마나 무서운 일인가?

로마 군인들

(36~38절)

둘째, 로마 군인들도 조롱에 동참한다. 그들의 조롱은 예수에 대한 고발의 거부다. 즉 그가 유대인의 왕이라는 고발이다. 이 말이 적힌 팻말이 십자가 그분의 머리 위에 못 박혀 있었다. "하지만 이 얼마나 우스운 말인가!"라며 군인들은 비웃는다. "유대인의 왕이라고? 지금 네 모습을 보라! 당신은 가시 면류관을 왕관으로, 십자가를 왕좌로 삼고 거기서 꼼짝도 못하는 왕이 아닌가!"

하지만 다시 한 번 이 상황의 아이러니는 그들이 하는 말과 그들이 팻말에 기록한 고발 내용이 진리를 진술하고 있다는 것이다. 예수는 왕이셨으며 왕이시다. 메시아이신 왕. 유대인의 왕이실 뿐만 아니라 우주의 왕이시다. 십자가에 달리신 예수의 머리 위에 있는 휘갈겨 쓴 그 팻말은 그분에 관한 최초의 기록물이었다. 사실, (신약의 모든 문서는 그분의 부활 이후에 기록된 것이므로) 그분이 지상에서 사는 동안 만들어진 그분에 관한 유일한 기록물이었다. 그분 머리 위에 못으로 박아둔 그 팻말 혹은 양피지에는 "이는 유대인의 왕이라"라는 글이 적혀 있었다. 아이러니하게도 거기에는 군인들이 비웃으며 거부했던 고발 내용이 적혀 있었지만 사실 이 말은 그들이 알고 있었던 것보다 더 참된 말이었다.

테러리스트

(39절)

그리고 셋째로, 예수를 비웃고 그분을 모욕했던 두 범죄자 중 한 사람이 있었다. 그의 조롱은 자신이 이해하기로 예수가 했던 실패에 대한 공격이다. 그는 예수를 꾸짖고 비난하면서 마치 이렇게 말했다고 볼 수 있다. "이봐, 당신이 정말로 메시아였다면 우리의 계획에 동참했어야 했어. 일주일 전에 예루살렘에 입성하는 당신을 향해 온 군중이 환호할 때 당신에게는 기회가 있었지. 하지만 당신은 그 기회를 날려버리고 어딘가로 숨고 말았지. 하지만 이제―바로 지금― 당신이 메시아임을 증명할 마지막 기회가 왔어! 당신 자신을 구원하라고! 당신 자신과 우리를 구원해! 그러면 우리는 이 십자가에서 뛰어내려 로마인들과 맞서 싸울 거야! 하하! 그럴 수 있다면 말이야!" 그는 예수가 자신이 생각하는 메시아가 되지 못했다고 그분을 조롱한다.

물론 아이러니는 예수가 메시아 하나님이 될 수 있는 유일한 길은 자신을 구원하지 않으심으로써, 이 고통과 죽음을 통과하심으로써였다. 예수가 끝까지 십자가에 달려 계셔야만 하나님이 그들과 같은 테러리스트들조차―잠시 후 그들 중 한 사람이 구원받는 것처럼―구원하실 수 있으셨다.

세 가지 조롱, 세 가지 유혹, 세 아이러니. 그리고 이 모든 것 안에 두 가지 심오한 역설―놀라움, 우리가 전혀 예상하지 못한 것들―이 자리 잡고 있었다.

먼저, 힘의 역설에 관해 생각해보라.

예수를 조롱하는 세 목소리는 십자가에 달리신 예수가 마주하신 세 종류의 인간 권력을 상징한다.

- 종교 기득권 세력—종교 지도자들—이 있다. 그들은 지금 자신의 힘을 알고 있으며 이를 자랑한다. 그들은 이렇게 말한다. "보라. 체제를 뒤엎고 전통을 무시하려고 할 때 이런 일을 당할 것이다. 우리는 하나님의 법의 수호자들이다. 당신은 우리처럼 하나님의 편에 머물렀어야 했다. 우리의 규칙에 따르지 않으려는 당신과 같은 사람들은 이런 일을 당할 것이다." 종교는 끔찍한 형태의 억압과 폭력이 될 수 있으며 여전히 그렇다.

- 그리고 둘째로 군사적 힘이 있다. 로마 군대는 모든 이견과 반대를 억누름으로써 그 권력을 과시하는 점령군이었다. 따라서 로마 군인들은 예수에게 이렇게 말하고 있다. "보라. 십자가에 달린 너희 셋 같은 테러리스트들은 이런 일을 당해 마땅하다. 우리가 너희를 십자가에 못 박을 것이다. 너희는 우리를 거스르지 말았어야 했다. 그리고 그 와중에 무고한 사람이 희생당한다면 그에게는 안된 일이겠지만, 너희 같은 이들을 훨씬 더 효과적으로 막을 수 있을 것이다." 수세기 동안, 그리고 오늘날까지도 적을 진압함으로써 세상을 다스리는 로마의 방식을 흉내 내는 사람들이 많았다.

- 셋째로 종교적 극단주의의 폭력이라는 힘이 있다. 그것은

그분의 양쪽 옆에 있던 범죄자들이 (물론 지금까지) 사용했던 힘이었다. 어쩌면 그들은 살인자이자 강도였을 것이다. 어쩌면 그들은 게릴라 전사였을 것이다. 그들은 폭력의 힘을 믿었고 실제로 그 힘을 사용했다. 그리고 그들은 예수에게 이렇게 말하고 있다. "이번 주에 당신이 예루살렘에 입성하고 채찍질을 해서 그들을 성전에서 내쫓았을 때 당신에게 주어진 것과 같은 기회를 제대로 사용하지 않을 때 이런 일을 당하게 된다. 당신은 로마인들에 대한 위대한 반란에서 우리를 이끄는 지도자가 될 수도 있었다. 우리는 요단강을 이교도의 피로 물들일 수도 있었다. 당신이 우리가 원하는 진짜 메시아로서 우리를 이끌기만 했다면. 그것이 로마인들이 존중하는 유일한 종류의 힘—폭력과 공포의 힘—이다." 그리고 자신들의 종교적 혹은 정치적 확신을 위해 이런 종류의 무자비한 폭력을 신봉하는 이들이 아직도 있다.

하지만 이처럼 인간 권력—종교적, 군사적, (방어를 위한 것이라고 할지라도) 폭력적—이 전시되는 가운데 바로 이 순간 참된 힘을 행사하시는 분은 누구신가? 그 가운데 계신 무력하신 분이시다. 이 이야기의 역설, 놀라움은, 자신의 생명을 포기하고, 전적인 무력함과 약함에 자신을 내어주는 선택을 하심으로써 예수는 실제로 하나님의 능력을 행사하고 계시다는 것이다. 나중에 바울이 우리에게 말해주듯이, 그리스도께서 하나님에 대해 반대하는 모든 인간적, 사탄적 힘에 대해 승리하신 것은 바로 십자가 위에서였다. 그분의 힘이 그분의 무력함 안에 드러났다. 철저한 약함 속에 죽어가신 그리스도의 죽음은 악과 폭력의 모든 힘을 궁극적으로 무너뜨리는 하나님의 구원의 능력의 계시였다. 이 얼마나 놀라운 역설인가! 하지만 이것이 바로 복음의 핵심이다.

둘째, 구원의 역설에 대해 생각해보라.

세 목소리 모두 자신을 구원해보라고 예수를 조롱했다. 그리고 회개하지 않았던 범죄자가 했던 세 번째 조롱은 "너와 우리를 구원하라!"였다. "너와 우리를 구원하라." 하지만 이것은 바로 예수가 하실 수 없는 일이었다. 그분은 자신을 구원하시는 동시에 우리를 구원하실 수가 없었다. 둘 중 하나를 구할 수 있을 뿐 둘 다를 구할 수는 없었다.

물론 예수는 자신을 구원하실 수도 있으셨다. 그에 관해서는 의심할 나위가 없다. 그리고 예수도 아셨다. 사실 잡히시던 바로 그 순간 예수가 제자들에게 "너는 내가 내 아버지께 구하여 지금 열두 군단 더 되는 천사를 보내시게 할 수 없는 줄로 아느냐?"라고 말씀하셨다(마 26:53). "손가락으로 신호를 보내는 것만으로도 나는 열두 부대가 넘는 천사들을 움직일 수 있다!" 그리고 십자가에 위에서 자신을 구원해보라는 조롱의 말을 들으셨던 바로 그 순간에도 예수는 언제든 그렇게 하실 수 있음을 아셨다. 그분은 그 고통을 피하실 수도 있으셨다. 그분은 그 죽음을 피하실 수도 있으셨다. 그분은 조롱하는 이들과 고문하는 이들로부터 자신을 구하실 수도 있으셨다. 그분은 자신을 구하실 수도 있으셨다. … 하지만 그렇게 하셨다면 그분은 우리를 구원하실 수 없으셨을 것이다. 왜냐하면, 우리 대신 죽으신 그분의 대속적 죽음을 통해서, 베드로의 말처럼 그분이 나무에서 자신의 몸에 우리의 죄를 지심으로써 우리가 구원을 받았기 때문이다.

따라서 그 조롱하는 말이 그분의 귓가에 울려 퍼질 때, 예수는 그들이 조롱하면서 말했던 그대로 행하실 수도 있으셨다. 그분은 자신을 구원하실 수도 있으셨고, 우리를 구원하는 편을 택하실 수도 있으셨다. 하지만 둘 다 구원할 수는 없으셨다. 그분은 자신이 오신 이유가 "잃어버린 자를 찾아 구원"하기 위해서라고 말씀하셨다. 그렇다면, 그분이 우리를 구원하고자 하신다면 자신은 구원할 수 없으셨다.

따라서 그분은 자신을 구원하지 않는 편을 선택하셨다. 그분은 죽는 편을 선택하셨다. 그분은 나를 위해, 그리고 당신을 위해, 그분을 십자가에 못 박은 이들을 위해, 그분이 함께 십자가에 못 박히신 이들을 위해 십자가 위에 머무시는 편을 선택하셨다. "그가 찔림은 우리의 허물 때문이요, 그가 상함은 우리의 죄악 때문이라. 그가 징계를 받으므로 우리는 평화를 누리고 그가 채찍에 맞으므로 우리는 나음을 받았도다."

두 범죄자가 원하는 바를 행하지 않으심으로써 그분은 그들에게 필요한 바를 행하실 수 있으셨다. 죽으심으로써 그들에게 구원의 길을 제공하셨다. 그리고 그들 중 한 사람은 이를 받아들였다.

소망으로 가득한 마지막 두 말씀

지금까지 성경으로 가득 차 있는 네 장면을 살펴보았다. 또한 아이러니와 역설로 가득 차 있는 마지막 세 시험에 대해서도 살펴보았다. 이제 예수가 십자가 위에서 하신 마지막 두 말씀에 대해 생각해보자. 하나는 34절에 기록된 기도이며, 다른 하나는 43절에 기록된 약속이다. 두 말씀 다 놀라우며 두 말씀 다 소망으로 가득 차 있다. 그리고 이 두 말씀을 통해 누가가 그리스도의 십자가의 의미에 대한 그의 이해에 초점을 맞출 수 있도록 도와줄 마지막 렌즈를 제공하고 있다고 나는 생각한다.

기도: "아버지, 저들을 사하여 주옵소서"
(34절)

그들이 그분을 십자가에 못 박을 때에도 예수는 "아버지, 저들을 사하여 주옵소서. 자기들이 하는 것을 알지 못함이니이다"라고 기도하신다.

우리는 이 말씀에 충격을 받는다. 충격을 받아 마땅하다. 과연 누가 그렇게 말할 수 있다는 말인가? 어떻게 예수는 그 순간 믿을 수 없이 잔인하게 자신을 고문하는 이들을 향해 그런 감정을 품고 그들을 위해 그런 기도를 드리실 수 있었을까? 이 사람은 과연 어떤 사람이었을까? 처형을 위해 그분을 못 박고 십자가에 매달아 올릴 때 그분이 이런 말씀을 하시는 것을 들으면서 군인들은 무슨 생각을 했을까? 적어도 그들 중 하나는 들었고 알아차렸고 나름대로 결론을 내렸다(눅 23:47. 막 15:39과 비교해보라). 참으로 놀라울 뿐이다.

누가복음 23:47

백부장이 그 된 일을 보고 하나님께 영광을 돌려 이르되 이 사람은 정녕 의인이었도다 하고

마가복음 15:39

예수를 향하여 섰던 백부장이 그렇게 숨지심을 보고 이르되 이 사람은 진실로 하나님의 아들이었도다 하더라

하지만 이는 전례가 없었기 때문에 더욱더 충격적이다. 이런 일은 한 번도 없었다. 예수가 너무도 잘 아셨던 구약성경에서도 이런 일은 없었다. 이 일을 가리키는 몇몇 사건은 있었지만, 여기에는 결코 미치지 못했다. 예를 들어 다윗은 자신을 모욕했던 사람에게 자비를 베풀었다. 하지만 그런 다음 다윗은 죽기 직전 자기 아들 솔로몬에게 자신이 죽고 나서 그 사람에게 반드시 복수하라고 말했다(삼하 16:5~12, 왕상 2:8~9). 원수를 용서하는 완벽한 본보기와는 거리가 멀었다. 예레미야는 포로로 잡혀간 이들에게 보낸 글에서 놀랍게도 바빌로니아—고향 예루살렘을 파괴한 그들의 원수—를 위해서 기도하라고 말했다. 하지만 예레미야조차도 그들에게 바빌로니아인들을 용서하라고 말하지는 않았다(렘 29:7 너희는 내가 사로잡혀 가게 한 그 성읍의 평안을 구하고 그를 위하여 여호와께 기도하라 이는 그 성읍이

평안함으로 너희도 평안할 것임이라).

사무엘하 16:5~12

다윗 왕이 바후림에 이르매 거기서 사울의 친족 한 사람이 나오니 게라의 아들이요 이름은 시므이라 그가 나오면서 계속하여 저주하고 또 다윗과 다윗 왕의 모든 신하들을 향하여 돌을 던지니 그 때에 모든 백성과 용사들은 다 왕의 좌우에 있었더라 시므이가 저주하는 가운데 이와 같이 말하니라 피를 흘린 자여 사악한 자여 가거라 가거라 사울의 족속의 모든 피를 여호와께서 네게로 돌리셨도다 그를 이어서 네가 왕이 되었으나 여호와께서 나라를 네 아들 압살롬의 손에 넘기셨도다 보라 너는 피를 흘린 자이므로 화를 자초하였느니라 하는지라 스루야의 아들 아비새가 왕께 여짜오되 이 죽은 개가 어찌 내 주 왕을 저주하리이까 청하건대 내가 건너가서 그의 머리를 베게 하소서 하니 왕이 이르되 스루야의 아들들아 내가 너희와 무슨 상관이 있느냐 그가 저주하는 것은 여호와께서 그에게 다윗을 저주하라 하심이니 네가 어찌 그리하였느냐 할 자가 누구겠느냐 하고 또 다윗이 아비새와 모든 신하들에게 이르되 내 몸에서 난 아들도 내 생명을 해하려 하거든 하물며 이 베냐민 사람이랴 여호와께서 그에게 명령하신 것이니 그가 저주하게 버려두라 혹시 여호와께서 나의 원통함을 감찰하시리니 오늘 그 저주 때문에 여호와께서 선으로 내게 갚아 주시리라 하고

열왕기상 2:8~9

바후림 베냐민 사람 게라의 아들 시므이가 너와 함께 있나니 그는 내가 마하나임으로 갈 때에 악독한 말로 나를 저주하였느니라 그러나 그가

요단에 내려와서 나를 영접하므로 내가 여호와를 두고 맹세하여 이르기를 내가 칼로 너를 죽이지 아니하리라 하였노라 그러나 그를 무죄한 자로 여기지 말지어다 너는 지혜 있는 사람이므로 그에게 행할 일을 알지니 그의 백발이 피 가운데 스올에 내려가게 하라

그렇다면 사람들이 당신을 거짓으로 고발하거나 폭력적으로 당신을 고발할 때 구약에서는 당신이 무엇을 해야 한다고 혹은 해도 된다고 말하는가? 첫째로 당신이 해서는 안 되는 일은 이것이다. 당신은 잘못을 범한 사람에게 스스로 복수해서는 안 된다. 폭력적인 보복은 금지되었다. 구약의 율법에서는 "원수를 갚지 말라"고 말한다. "복수는 하나님께 맡겨야 한다. 그분이 심판자이시며 필요할 때 당신을 위해 복수하기 위해 적절한 행동을 취하실 것이다"(레 19:18 원수를 갚지 말며 동포를 원망하지 말며 네 이웃 사랑하기를 네 자신과 같이 사랑하라 나는 여호와이니라, 신 32:35 그들이 실족할 그 때에 내가 보복하리라 그들의 환난날이 가까우니 그들에게 닥칠 그 일이 속히 오리로다). 따라서 당신은 스스로 복수해서는 안 되지만, 하나님께 당신을 위해 복수해달라고 기도할 수는 있었다. 그리고 사람들은 그렇게 기도하기도 했다. 시편에는 그런 기도가 기록되어 있다. 끔찍한 악행을 당한 사람들이 하나님께 그들을 위해 행동해달라고, 행악자들을 벌하고 무고한 이들을 신원해달라고 부르짖었다. 그들은 하나님이 하시겠다고 하신 일을 해달라고, 즉 악한 이들을 벌함으로써 정의를 세우기를(다만 그 일을 빨리해 달라고)

간구할 뿐이었다.

- 예수는 예루살렘의 사악한 사람들을 향한 이사야의 부르 짖음과 같은 구약의 말씀을 잘 알고 계셨을 것이다. "그들을 용서하지 마옵소서"(사 2:9).
- 예수는 박해와 매질, 살해 위협을 당하던 예레미야의 부르 짖음을 알고 계셨을 것이다. 예레미야는 "재앙의 날을 그들 에게 임하게 하시며 배나 되는 멸망으로 그들을 멸하소서" 라고 기도했다(렘 17:18).
- 예수는 시편 기자가 원수들을 저주하면서 "그들을 생명책 에서 지우사 의인들과 함께 기록되지 말게 하소서"라고 말 했던 시편 69편을 알고 계셨을 것이다.
- 그리고 예수는 2백 년 전 마카비 혁명 중 순교했던 이들에 관해서 알고 계셨을 것이다. 그들은 로마에 맞선 반란에서 싸웠고, 그들 중 일부는 잡혀서 고문을 당하고 죽어가면서 하나님께 그들을 살해하는 이들에 대해 복수해달라고 부 르짖었다.

하지만 예수는 이 모든 것을 초월하신다. 구약성경을 알고 사랑하셨던 예수는 이를 초월해 그분을 처형하는 이들을 위 해 "아버지, 그들을 사하여 주옵소서"라고 기도하신다. 그리 고 그렇게 하심으로써 그분은 그분을 따르는 이들이 그들을 미워하고 죽이는 이들에 대해 어떻게 반응해야 하는가에 관한 완전히 새로운 기준, 완전히 새로운 패러다임을 세우신다. 예수는 자신이 제자들에게 가르치셨던 그대로 행동하시며 본을 보이신다. 예수가 "너희 원수를 사랑하며 … 너희를 저주하는 자를 위하여 축복하며 너희를 모욕하는 자를 위하여 기도하라"(눅 6:27~28)라고 말씀하셨을 때 그들은 얼마나 충격을 받았을까? 하지만 여기서 예수는 그 말씀대로 하신다. 그분은 자신을 저주하고 박해할 뿐만 아니라 판자에 그분의 손과 발을 못 박는 사람들을 위해 기도하신다.

그리고 믿음을 위해 죽음을 당한 예수의 첫 신자—첫 번째 그리스도인 순교자—였던 스데반은 자신의 주인이신 그분의 본보기를 따랐다. 누가는 그들이 스데반을 돌로 쳐서 죽일 때 그가 "주여, 이 죄를 그들에게 돌리지 마옵소서"라고 기도했다고 말한다(행 7:60). 즉 그는 하나님께 자신을 살해하는 이들을 용서해달라고 기도했다.

우리도 그렇게 할 수 있을까? 그리스도인들이 폭력적으로 공격을 당하고 살해를 당하면서 자신의 원수들을 용서하는 것이 가능할까? 인간의 힘만으로는 물론 가능하지 않다. 우리가 원수를 용서할 수 있는 유일한 길은, 살아계신 주 예수 그리스도께서 우리 안에 형성되고 그분이 우리 안에서, 우리를 통해 그렇게 하시는 수밖에 없다. 최근의 두 사례를 생각해보라.

2015년 2월 이슬람국가(ISIS) 전사들이 이집트 출신 이주노동자들인 스물한 명의 콥트 정교회 그리스도인들을 리비아의 한 해변에서 참수했다. 이 소식은 세계를 경악하게 했으며 이집트, 특히 이들 중 다수의 고향인 마을에 큰 슬픔을 안겼다. 그들 중 한 사람의 어머니인 타와드로스 유시프(Tawadros Yousif)는 자기 아들을 살해한 이들에 관해 이렇게 말했다. "나는 그들을 저주하지 않습니다. 하나님이 그들의 마음을 열어 그들에게 빛을 주시기를 기도합니다." 영국 콥트 정교회의 앙겔로스(Angaelos) 주교도 "우리는 이 행동을 용서하지 않습니다. 이것은 극악무도한 행동이기 때문입니다. 하지만 우리는 마음 깊은 곳으로부터 살인자들을 용서합니다. 그렇지 않으면 우리는 분노와 증오에 사로잡히고 말 것입니다. 그것은 이 세상에 존재해서는 안 될 폭력의 악순환을 초래할 것입니다"라고 말했다.

2012년 성탄절 전야에 두 젊은 남자가 런던에서 캐럴 예배를 위해 오르간을 연주하기 위해 교회에 가던 길이었던 68세의 오르간 주자 앨런 그리브스(Alan Greaves)를 공격해 구타로 사망에 이르게 했다. 그의 아내 모린 그리브스(Maureen Greaves)는 두 사람의 유죄 판결과 수감을 받아들이고 찬성한다는 입장을 밝히면서 놀라운 용기로 그들을 용서하겠다고 밝혔다. 판결 이후 그는 이렇게 말했다.

앨런은 사랑과 긍휼이 넘치는 사람이었으며, 우리가 증오와 용서하지 않는 감정을 품지 않기를 바랐을 것입니다. 그러므로 앨런을 기리면서, 또한 우리 두 사람 모두가 사랑하는 하나님께 영광을 돌리면서 나는 [나의 남편을 살인한 이들이] 그들을 자신의 형상으로 만드신 하나님의 사랑과 인자하심을 깨닫고 경험하기를, 하나님의 크신 자비가 그들의 마음을 감동하여 그들을 참된 회개로 이끌기를 기도합니다.

다시 본문으로 돌아오면, 예수는 "아버지, 저들을 사하여 주옵소서. 자기들이 하는 것을 알지 못함이니이다"라고 기도하신다. 정말로 그들은 알지 못했다. 사악하고 잔인한 그들의 행동은 인간적인 차원에서 하나님의 더 깊은 뜻과 목적을 성취하고 있었다. 십자가는 정의의 끔찍한 실패이자 추악한 악이었다. 하지만 결코 우연은 아니었다. 그 이면에는 하나님 자신이 아들을 통해 세상의 죄를 지시겠다는 하나님의 주권적 의지가 자리 잡고 있었다. 오순절에 베드로가 말했듯이.

그가 하나님께서 정하신 뜻과 미리 아신 대로 내준 바 되었거늘 너희가 법 없는 자들의 손을 빌려 못 박아 죽였으나

(행 2:23)

예수의 십자가 죽음은 악한 인간들의 사악한 행동이었다(어떤 의미에서 그들은 그들이 무슨 일을 하고 있는지 분명히 알고 있었으며 그에 대한 책임을 져야 했다). 하지만 동시에 이는 "하나님께서 정하신 뜻과 미리 아신 대로" 이뤄진 일이다(그리고 그들은 자신들이 이 일에 참여하고 있음을 전혀 알지 못했다). 이것이 신비다.

모든 악 중에서 최악의 것조차도 하나님이 모든 선 중에 최선의 것—세상의 구속—을 성취하시는 수단이 될 수 있다는 신비다. 따라서 이 사람들은 예수를 십자가에 못 박아 죽임으로써 사실은 예수의 기도가 응답을 받을 수 있는 그 수단을 수행하고 있었다. 그 순간 그들의 죄는 예수가 십자가 위에서 지셨던 세상의 죄를 이루는 지극히 작은 한 부분일 뿐이었다. 그분의 십자가 죽음을 통해 "그의 이름으로 죄 사함을 받게 하는 회개가 예루살렘에서 시작하여 모든 족속에게 전파될" 것이다 (눅 24:47).

- ◆ 예수는 그들이 죄 사함을 받아야 한다고 기도하셨다.
- ◆ 그리고 예수는 그들이 죄 사함을 받을 수 있도록 죽으셨다.

약속: "오늘 네가 나와 함께 낙원에 있으리라"

(43절)

처형당하던 두 테러리스트 중 한 사람, 다른 편 십자가에서 자신의 친구의 조롱에 대해 항의하던 그 사람은 예수에 관한 진리를 깨닫는다. 이 나사렛 예수가 정말로 하나님의 메시아다. 곁에서 십자가에 달린 이 사람이 정말로 그분의 머리 위에 붙어있는 그 말처럼 "유대인의 왕"이시다. 하지만 거기서 그치지 않는다. 만약 그분이 메시아시라면, 그분은 궁극적으로 이스라엘과 모든 나라를 다스리실, 하나님께서 기름 부어 세우신 왕이시기도 하다. 하나님의 나라가 올 것이다! 그리고 예수가 왕이 되실 것이다!

하지만 이는 모두 미래의 일이다. 그렇지 않은가? 지금 당장 우리 모두 죽을 것이다. 그렇지 않은가? 분명히 그렇다! 이 메시아의 왕국이란 장차 올 시대에—부활의 날에—이뤄질 일일 뿐이다. (사두개인들을 제외한) 그 시대 대부분의 유대인처럼 이 남자는 부활의 날을 믿었을 것이다. 그 날에 모든 죽은 자가—악한 자들은 정의로운 처벌을 받기 위해, 의로운 자들은 메시아의 통치 아래서 새로운 그분의 왕국에서 하나님의 백성의 일원이 되기 위해—부활할 것이다. 부활은 '마지막 날'을 위한 것이었다.

나사로의 누이와 마리아의 언니인 마르다가 죽은 자들이 장차 부활할 것이라고 믿었다는 것을 기억할 것이다. 나사로가 죽었을 때 예수는 마르다에게 "네 오라비가 다시 살아나리라"라고 말씀하셨다. 그러자 마르다는 "예, 주님, 저도 압니다. 마지막 날 부활의 때에 그가 다시 살아날 것을 알고 있습니다"라고 대답한다. "잘 알고 있습니다. 하지만 그때까지 어떻게 기다릴까요? 예수님이 더 일찍 도착하셨더라면 오빠가 죽지 않아도 되었을 거예요"라는 말처럼 들린다. 그러자 예수가 놀라운 말씀으로 대답하신다. 그분은 현재 시제로 "나는 부활이요 생명이니 나를 믿는 자는 죽어도 살겠고"라고 말씀하신다(요 11:23~26). 이것이 바로 이 순간 예수와 그 범죄자가 나누던 대화였다.

그는 예수를 향해 "예수여, 당신의 나라에 임하실 때 나를 기억하소서"라고 말한다. 나를 기억하소서. 이것은 당시 유대인들의 묘비에 새겨져 있던 말이었다. 이는 (남은 가족과 친구들을 향한 부탁일 뿐만 아니라) 하나님께 드리는 기도였다. 그것은 이런 뜻이었다. "주 하나님, 부활의 날이 왔을 때, 주님이 주님의 나라를 선언하고 시작하실 때, 나를 기억하소서! 내가 이무덤 안에 있다고 나를 잊지 마소서! 그 마지막 날에 나를 기억하시고 나를 주님의 왕국의 의로운 사람들에 속하게 하소서!" 예수 곁에서 십자가에 달린 그 사람은 아마도 이런 뜻으로 그렇게 말했을 것이다.

그리고 예수는 마르다를 놀라게 하셨듯이 현재 시제로 대답하심으로써 그를 놀라게 하신다. "오늘!"이라고 그분은 말씀하신다. "오늘 네가 나와 함께 낙원에 있으리라." 이 말씀은 "오늘 네가 당장 천국으로 갈 것이다"라는 뜻이 아니다. 이 말은 예수에게도 적용되지 않았다. "낙원"은 그저 "천국"을 뜻하는 또 다른 단어가 아니었다. 당시 유대교 사상에서 이 말은 죽은 의인들이 부활의 날을 기다리며 평화롭게 안식하는 중간적 공간을 뜻했다. 예수는 유죄 판결을 받아 십자가형을 당하는 이 사람이 마지막 날에 의인 중에 속하게 될 것이라고 약속하셨다. 그는 예수와 더불어 하나님 나라에 들어갈 것이다. 따라서 그는 이날 평화롭게, "부활에 대한 확실한 소망 가운데," 자신이 의인들, 구원받은 사람들, 메시아의 통치에 참여할 사람 중에 속할 것을 알고 죽을 수 있었을 것이다. 그가 저지른 모든 죄와 악행과 범죄에도 불구하고(이에 대한 자신의 죄책을 이제 막 고백했음에도 불구하고) 그의 미래는 안전했다. 그가 이제 막 고백했듯이 메시아 왕이며 구원자이신 예수의 손안에서 안전했다.

그리고 왜 그는 구원을 받았는가? 그가 자신의 죄를 고백하고, 예수를 의지하고, 예수에게 도움을 구하고, 예수를 신뢰하고, 예수가 주신 약속에 따라 구원받을 것이라고 확신했기 때문이다(그리고 누가는 당신과 나를 비롯한 그의 독자들도 이 단순한 예를 따르기를 원한다).

그는 구원받았다. 자신이 달린 십자가로부터가 아니라 자신의 곁에서 십자가에 달리신 그분의 십자가를 통해서 영원히 구원받았다. 그는 몇 시간이 지나 죽을 것이다. 하지만 "나를 믿는 자는 죽어도 살겠고." 그리고 바로 다음 장에서 누가는 그리스도의 부활에 관한 영광스러운 이야기를 들려준다. 죽음을 이기는 하나님의 능력을 통해 그 약속이 확증되고 보증되었으며, 그리스도께서 그분을 믿는 모든 사람—십자가에 못 박혀 죽은 그 범죄자를 비롯해—의 부활의 첫 열매가 되셨다.

이제 결론을 내려야 할 시간이다.

그리스도의 십자가 죽음에 대한 단순하지만 풍성하고도 심오한 묘사를 통해 누가는 우리에게 무엇을 말하고자 하는가? 네 장면과 세 시험, 두 말씀. 누가는 이 모든 것을 통해 (특히 마지막 두 말씀을 통해) 우리가 이 부활절에 기리는 하나의 의미를 전하려고 한다. 왜냐하면,

 ◆ 죄 사함을 위한 예수의 기도에 대한 응답은 그리스도의 죽

음을 통해서만 가능하며,

* 영생에 대한 예수의 약속의 성취는 그리스도의 부활을 통해서만 가능하기 때문이다.

이 진리를 탐구하고 설명하기 위해서는 신약성경의 나머지 부분을 살펴보아야 한다. 하지만 누가는 이 이야기를 통해서 이 진리가 오늘 우리 삶에서, 또한 우리의 영원한 미래를 위해 현실이 되기 위해서 우리가 무엇을 알아야 하는지를 말해주고 있다. 누가는 우리에게 이것을 가르쳐준다.

* 예수의 십자가 죽음을 통해 우리는 그분이 기도했던 죄 사함을 얻을 수 있으며,
* 그리스도의 부활을 통해 우리는 예수가 약속한 그 미래를 얻을 수 있다.

여러분이 반드시 이 둘을 모두 얻기 바란다.

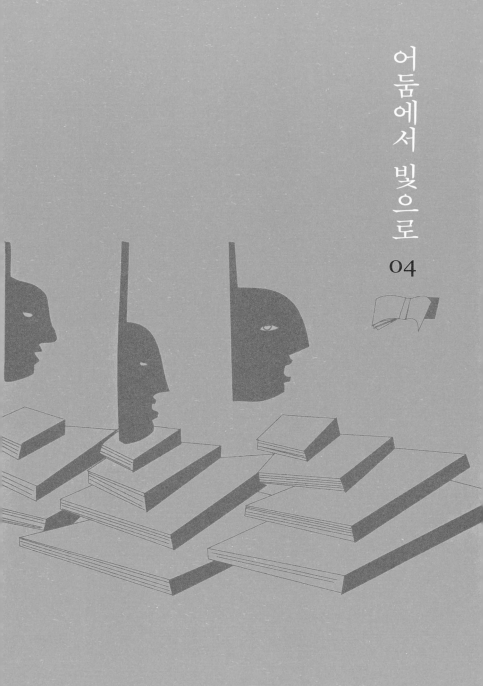

어둠에서 빛으로

04

마가복음 15장 33~39절

33 제육시가 되매 온 땅에 어둠이 임하여 제구시까지 계속하더니

34 제구시에 예수께서 크게 소리 지르시되 엘리 엘리 라마 사박다니 하시니 이를 번역하면 나의 하나님, 나의 하나님 어찌하여 나를 버리셨나이까 하는 뜻이라

35 곁에 섰던 자 중 어떤 이들이 듣고 이르되 보라 엘리야를 부른다 하고

36 한 사람이 달려가서 해면에 신 포도주를 적시어 갈대에 꿰어 마시게 하고 이르되 가만 두라 엘리야가 와서 그를 내려 주나 보자 하더라

37 예수께서 큰 소리를 지르시고 숨지시니라

38 이에 성소 휘장이 위로부터 아래까지 찢어져 둘이 되니라

39 예수를 향하여 섰던 백부장이 그렇게 숨지심을 보고 이르되 이 사람은 진실로 하나님의 아들이었도다 하더라

개인적 논평
설교를 준비하면서

이 설교는 십자가와 부활에 관한 마가의 이야기를 다룬 연속 설교 중 하나였다. 나에게는 실제 십자가형을 묘사한 마가복음 15장의 본문이 주어졌으며, 나는 이 사건에만 초점을 맞춰, 마가는 우리가 그 사건을 어떻게 '바라보고' 이해하기를 원하는가를 이해하려고 노력했다.

전환점에 주목하기

본문을 반복해서 읽으면서 나는 이 본문이 충격적인 사실—한낮의 어둠—으로부터 시작된다는 점에 놀랐다. 하지만 이 본문은 로마 백부장의 마음에 비친 일종의 빛으로 마무리된다. 그는 "이 사람은 진실로 하나님의 아들이었도다!"라고 외쳤다. 그리고 이것은 마가가 자신의 복음서를 처음 시작할 때부터 우리가 알고 믿기를 원한다고 말했던 바였다. 다른 이들은 여전히 불신앙과 조롱이라는 어둠 속에 있을 때 그런 깨달음(빛이 비춤, enlightenment)을 얻은 사람이 로마 군인이었다는 사실이 얼마나 놀라운가!

그래서 나는 이런 전환—어둠에서 빛으로—을 설교 전체의 구조로 삼기로 했다.

부분을 채워 넣기

구조에 관한 결정을 내린 다음 나는 이렇게 물었다. 그 세 시간 동안—자연에, 또한 예수의 의식에—어떤 종류의 어둠이 내렸는가? 둘째, 마가는 예수가 죽으셨을 때 일어난 일들을 묘사함으로써 우리를 어떤 종류의 빛으로 이끄는가? 나는 각각의 경우에 네 요소가 존재한다고 생각했다.

여덟 항목 중 하나에 대해서만 나는 상상이나 추측에 의존했다고 생각한다. 다른 모든 항목에 대해서는 어둠의 본질이나 구원의 빛에 관한 나의 주장에 마가도 동의할 것이라고 확신한다. '추측'에 해당하는 부분은 "어둠 속으로"의 첫 번째 항목이다. 거기서 나는 예수가 이미 세 시간 동안 당하셨던 공적인 수치에 대한 노출로부터 그분을 숨기는 것이 이 어둠의 의미라고 주장했다. 태양이 빛을 비추기를 멈추었을 때, 이 어둠은 예수를 "어둠의 덮개 속"으로 이끌었다. 하나님이 태양을 어둡게 하신 목적이 이것이었다고 주장하는 것은 지나친 것일지도 모르지만, 분명히 그런 효과가 있었다. 나는 날이 어두워졌을 때 사람들의 조롱이 경외와 두려움으로 바뀌었을지도 모른다고 상상하는 것이 잘못된 일이라고 생각하지 않는다. 설교의 이 부분을 읽을 때 나의 해석이 받아들일 만한지, 아니면 지나친 공상인지 판단해보라. 설교가 본문 안에서 더할 나위 없이 명백한 것과 본문에 관한 약간의 상상력을 활용함으로써 얻은 것 사이에 나 있는 가느다란 선 위로 걷는 것처럼 느껴질 때가 있다. 후자에서 너무 많이 헤매지 않도록 조심해야 한다. 어쩌면 이 경우에게 내가 그랬다고 말하는 사람이 있을 수도 있다. 당신이 스스로 판단해보라!

신비에 대해 천착하기

마가는 예수가 십자가 위에서 하신 말씀 중 가장 무서운 말씀을 기록하고 있다. "나의 하나님, 나의 하나님, 어찌하여 나를 버리셨나이까?" 마가는 예수가 어둠의 시간이 절정에 이르렀을 때 이렇게 외치셨다고 말한다. 십자가에 관한 모든 설교에서는 반드시 예수가 하신 말씀에 주의를 기울여야 하며, 따라서 설교에서 이 부르짖음을 자세히 살펴보는 데 많은 시간을 할애했다.

사람들이 예수가 뜻하신 바와 실제로 일어난 일을 혼동하기가 쉽다는 것을 나는 잘 알고 있었다. 어떤 이들은 예수가 경험하신 것은 버려졌다는 주관적인 감정일 뿐이었다고 말한다. 하지만 나는 그 이상이었다고 믿으며, 우리가 죄로 인해 마땅히 당해야 할 바―성부 하나님으로부터의 분리―를 예수가 경험하셨다는 진리의 신학적인 깊이를 이해하기 위해 노력해야 한다고 믿는다. 우리는 그것이 무엇을 뜻하는가를 결코 온전히 이해할 수 없을 것이다. 그러나 우리가 이 진리를 받아들이고 그것이 우리를 위한 것이었음을 아는 것이 중요하다고 생각한다. 예수는 그것을 경험하셨으며 그렇기에 우리가 그분을 믿는다면 우리는 그것을 경험할 필요가 없다. 따라서 이것을 최대한 잘 설명하기 위해 많은 시간을 할애했다.

나는 시와 찬송가를 좋아한다! 올 소울스의 교인 중 다수도 시와 찬송가를 좋아하는 세대에 속한다. 그래서 나는 예수의 부르짖음에 관한 돈 카슨(Don Carson)의 시를 읽었다. 이 시 역시 어둠에서 빛으로 움직이기 때문에 적합하다고 생각했다. 물론 이것이 다른 언어로 번역될 수 없음을 잘 알고 있다.

빛을 즐기기

예수의 부르짖음이 시편 22편 1절("내 하나님이여 내 하나님이여 어찌 나를 버리셨나이까 어찌 나를 멀리 하여 돕지 아니하시오며 내 신음 소리를 듣지 아니하시나이까")에서 온 것이라는 사실이 잘 알려져 있기에 예수가 십자가에 달리셨을 때 이 시편 전체를 생각하고 계셨을 것이라고 말하는 것이 중요하다고 생각했다. 그리고 이것은 전반부의 끔찍한 아픔과 고통에서 후반부의 놀라운 찬양과 소망으로 전환되는 시편이다. 그러므로 마가의 이야기에서 예수가 숨지실 때 지르신 "큰 소리"(막 15:37절)

는 요한이 기록한 말씀이었을 가능성이 크다. "다 이루었다." 역시 시편 22편의 마지막 절을 반향하는 말씀으로서 모든 피조물에 기쁨과 생명을 가져다주는 하나님의 승리와 성취를 표현하고 있다. 따라서 나는 매우 긍정적인 어조로 설교를 마무리했다.

결론부에는 내가 읽은 주석 중 하나로부터 큰 도움을 받은 부분에 있다. 즉 마가가 "찢어지다"라는 동사를 두 번—예수가 세례 받으실 때 하늘이 갈라질 때와 그분이 죽으실 때 성전의 휘장이 찢어질 때—사용했다는 점이다. 두 경우 모두에 예수가 하나님의 아들이라고 선언하는 목소리가 존재했다. 나는 마가가 의도적으로 그렇게 했다는 이 주석의 주장이 옳다고 생각한다. 하지만 나 스스로는 이 점을 알아차리지 못했을 것이다. 그러나 주석을 통해 이를 깨달은 후에는 이 점이 설교에 포함할 정도로 중요해 보였다. 그것이 마가가 우리로 하여금 보게 하기를 원했던 바—즉 예수가, 십자가에 달리신 예수가 참으로 하나님의 아들이셨으며 하나님의 아들이시라는 것—를 강조하기 때문이다.

어둠에서 빛으로

마가복음 15:33~39[1]

제육시가 되매 온 땅에 어둠이 임하여 제구시까지 계속하더니, 제구시에 예수께서 크게 소리 지르시되, "엘리 엘리 라마 사박다니" 하시니, 이를 번역하면 "나의 하나님, 나의 하나님 어찌하여 나를 버리셨나이까?" 하는 뜻이라.

곁에 섰던 자 중 어떤 이들이 듣고 이르되, "보라. 엘리야를 부른다" 하고, 한 사람이 달려가서 해면에 신 포도주를 적시어 갈대에 꿰어 마시게 하고 이르되, "가만 두라. 엘리야가 와서 그를 내려 주나 보자" 하더라.

예수께서 큰 소리를 지르시고 숨지시니라.

이에 성소 휘장이 위로부터 아래까지 찢어져 둘이 되니라. 예수를 향하여 섰던 백부장이 그렇게 숨지심을 보고 이르되, "이 사람은 진실로 하나님의 아들이었도다!" 하더라.

(막 15:33~39)

마가복음은 복음서 중에서 가장 짧고 속도도 빠르다. 마가복음의 5분의 1은 이 땅 위에서 사신 예수의 삶의 마지막 한 주를 묘사하는 데 할애되어 있으며 15장 십자가 죽음에서 그 절정에 이른다. 그리고 마가는 그 안에 예수가 그 시간 동안 십자가 위에서 하신 모든 말씀 중에서 가장 무서운 말씀, 어둠이 세 시간 지속된 후에 하신 말씀을 기록하고 있다. "나의 하나님, 나의 하나님 어찌하여 나를 버리셨나이까?"(34절).

이 비참한 외침이 예수에게는 십자가의 어둠 깊은 곳에 나온 말씀이었지만, 우리에게는 복음의 빛의 서광을 알려주었다.

이제 마가를 따라 이 어둠으로 들어가 이 끔찍한 어둠이 무엇을 뜻하는지 살펴보자. 그런 다음 계속해서 그를 따라서 그가 우리를 이끄는 빛—그가 붙인 이 책의 제목처럼 "하나님의 아들 예수 그리스도의 복음"의 빛— 안으로 들어가 보자.

어둠 속으로

"제육시가 되매 온 땅에 어둠이 임하여 제구시까지 계속하더니"(33절). 마가는 당시에 (새벽부터 시작해) 시간을 말하는 방식에 따라 그때의 시간을 기록하고 있다. 그들은 "제삼시," 즉 오전 9시에 예수의 십자가형을 시작했다. 제육시는 정오였고, 제구시는 오후 3시였다. 여섯 시간 동안 예수는 십자가에 매달려 계셨다. 그리고 그 한가운데였던 정오에, 해가 가장 밝고 뜨거웠던 그 순간 누가는 "해가 빛을 잃고"라고 말한다(눅 23:45). 어둠이 땅을 덮었다.

이 어둠은 무엇을 뜻하는가? 나는 이 어둠의 네 가지 측면을 제시하고자 한다.

어둠의 덮개 속으로

십자가형은 사람을 처형하는 가장 모욕적인 방식이었다. 로마인들이 최대의 수치와 모욕을 가하기 위해서 고안해낸 처형 방식이었다. 극심한 신체적 통증에 공개적인 수치가 더해져 고통은 배가되었다. 그것은 궁극적인 억지책이었다. 마가는 이를 매우 빨리, 간단히 묘사한다. 로마 제국 안에서 살았던 그의 원래 독자들에게는 "그들이 그분을 십자가에 못 박았다"라는 말 외에 다른 말이 더 필요가 없었다. 왜냐하면, 모두가 그것이 무엇을 뜻하는지 알고 있었기 때문이다. 대부분의 사람은 십자가형을 목격하고 소름 끼치는 공포를 느끼며 뒷걸음쳤던 경험이 있었을 것이다. 남자들은 완전히 벌거벗은 채 십자가에 못 박혔으며, 그 무력한 노출은 그 자체로 수치스러운 일이었다. 그런 다음 손목과 발의 가장 예민한 부분을 짓이기며 뚫고 들어오는 무거운 못의 충격과 고통 때문에 희생자들은 자신의 배설물로 범벅이 되고 피와 땀으로 뒤덮인 채 파리들에게 고문을 당할 것이다.

그런 다음 야유와 모욕이 시작되고 계속될 것이다—때로는 여러 날 동안 계속될 것이다. 마가는 그들이 예수를 십자가에 달아 들어 올렸을 때 무슨 일이 일어났는지를 우리에게 말해 준다.

지나가는 자들은 자기 머리를 흔들며 예수를 모욕하여 이르되, "아하, 성전을 헐고 사흘에 짓는다는 자여! 네가 너를 구원하여 십자가에서 내려오라" 하고, 그와 같이 대제사장들도 서기관들과 함께 희롱하며 서로 말하되, "그가 남은 구원하였으되 자기는 구원할 수 없도다. 이스라엘의 왕 그리스도가 지금 십자가에서 내려와 우리가 보고 믿게 할지어다" 하며 함께 십자가에 못 박힌 자들도 예수를 욕하더라.

(막 15:29~32)

소음과 함성, 비웃음, 모욕, 야유, 몸짓을 상상해보라. 태양이 더 높이 솟아오르고 날이 더 더워졌던 그 긴 세 시간 동안 예수를 둘러싸고 귀에 거슬리는 조롱의 함성이 높아졌다가 가라앉았다가 다시 높아졌다.

하나님이 "이제 그만! 너희 인간들아, 이제 충분하다! 내가 내 아들한테서 내 얼굴을 감춘다면 너희도 더는 그를 쳐다보며 비웃고 모욕하지 못할 것이다"라고 말씀하실 때까지. 그리고 그분이 빛을 끄신다. 장면 전체가 깊고 신비로운 어둠 속에 잠겼다.

나는 하나님이 어둠의 덮개로 그분의 아들을 덮으셨을 때 조롱과 야유의 소음이 사라지고 대단히 근원적인 공포로 대체되었을 것으로 생각한다.

피조물의 어둠 속으로

누가는 "해가 빛을 잃고"라고만 말한다. 그도 그럴 것이 해를 창조하신 분께서 죽어가고 계셨기 때문이다. 이 가운데 십자가에 달리신 이 사람은 누구신가? 바울과 요한의 말을 되새겨보자. 바울은 우리에게 이렇게 말한다.

> 그는 보이지 아니하는 하나님의 형상이시요 모든 피조물보다 먼저 나신 이시니, 만물이 그에게서 창조되되 하늘과 땅에서 보이는 것들과 보이지 않는 것들과 … 만물이 다 그로 말미암고 그를 위하여 창조되었고
>
> (골 1:15~16)

그리고 요한은 이렇게 말한다.

> 만물이 그로 말미암아 지은 바 되었으니 지은 것이 하나도 그가 없이는 된 것이 없느니라. 그 안에 생명이 있었으니 이 생명은 사람들의 빛이라.
>
> (요 1:3~4)

이제 "참 빛 곧 세상에 와서 각 사람에게 비추는 빛," 태양빛의 창조되지 않으신 근원이신 예수가 죽어가고 계셨다.

그리고 피조물이 응답한다. 땅이 흔들린다. 해가 빛을 잃는다.

십자가 위에서 창조주께서 자신이 지으신 피조물의 화해를 위한 대가를 치르고 계셨기 때문이다. 그리고 피조물이 슬픔에 잠겨 우주적인 슬픔의 암흑을 입는다.

심판의 어둠 속으로

어둠은 성경을 아는 이들(로마 군인들을 제외하고 십자가 주위에 있던 모든 사람이 성경을 알고 있었다)에게 강력한 상징이었다. 복음서에서 숫자는 상징적으로 사용되며 구약성경의 중요한 의미를 가리킨다. 예를 들어, 예수는 열두 제자를 택하셨는데, 이는 이스라엘 지파의 숫자이기도 하다. 그분은 광야에서 40일을 보내셨으며 이는 이스라엘이 굶주림의 시험을 받으며 광야에서 보낸 40년의 세월을 떠오르게 한다(신 8:2~5).

신명기 8:2~5

네 하나님 여호와께서 이 사십 년 동안에 네게 광야 길을 걷게 하신 것을 기억하라 이는 너를 낮추시며 너를 시험하사 네 마음이 어떠한지 그 명령을 지키는지 지키지 않는지 알려 하심이라 너를 낮추시며 너를 주리게 하시며 또 너도 알지 못하며 네 조상들도 알지 못하던 만나를 네게 먹이신 것은 사람이 떡으로만 사는 것이 아니요 여호와의 입에서 나오는 모든 말씀으로 사는 줄을 네가 알게 하려 하심이니라 이 사십 년 동안에 네 의복이 해어지지 아니하였고 네 발이 부르트지 아니하였느니라 너는 사람이 그 아들을 징계함 같이 네 하나님 여호와께서 너를 징계하시는 줄 마음에 생각하고 그리고 세 시간의 어둠은 이집트에 내린 아홉 번째 재앙, 마지막 재앙(장자의 죽음) 직전의 마지막 재앙이었던 3일간의 어둠을 떠오르게 한다.

여호와께서 모세에게 이르시되, "하늘을 향하여 네 손을 내밀어 애굽 땅 위에 흑암이 있게 하라. 곧 더듬을 만한 흑암이리라." 모세가 하늘을 향하여 손을 내밀매 캄캄한 흑암이 삼 일 동안 애굽 온 땅에 있어서 그 동안은 사람들이 서로 볼 수 없으며 자기 처소에서 일어나는 자가 없으되 온 이스라엘 자손들이 거주하는 곳에는 빛이 있었더라.

(출 10:21~23)

하나님은 이집트 땅에 무서운 어둠이 내리게 하셨으며, 이는 마음이 완악해져 하나님이 요구하신 바를 행하기를 거부했던 이들에 대한 하나님의 진노이자 심판이었다. 어둠이 이집트인들이 하나님의 백성 이스라엘에게 저지른 일에 대한 하나님의 심판을 상징했듯이, 십자가에서 어둠은 이스라엘이 하나님의 메시아 예수에게 저지른 일에 대한 하나님의 심판을 상징한다. 예언자 아모스 역시 두려운 "주의 날"에 내릴 하나님의 심판으로서의 어둠에 관해 말한다.

주 여호와의 말씀이니라. "그 날에 내가 해를 대낮에 지게 하여 백주에 땅을 캄캄하게 하며 … 독자의 죽음으로 말미암아 애통하듯 하게 하며 결국은 곤고한 날과 같게 하리라."

(암 8:9~10)

정오의 어둠은 성경의 메아리를 들을 수 있었던 이들에게 하나님의 심판에 대한 분명한 상징이었다.

그러나 이 심판의 어둠이 누구에게 내리고 있었는가? 무리에게만 내린 것은 아니었다. 이 어둠 속에서 세 시간이 흐른 뒤에 이 무서운 울부짖음이 들려왔기 때문이다. "'엘리 엘리 라마 사박다니' 하시니, 이를 번역하면 '나의 하나님, 나의 하나님 어찌하여 나를 버리셨나이까?' 하는 뜻이라."

예수의 이 말씀을 정확히 이 시점에 배치함으로써 마가는 우리에게 군인들과 종교 지도자들, 조롱하는 군중 위에 내려온 물리적인 어둠보다 십자가에 달리신 분―바로 예수―이 담당하고 계셨던 하나님의 심판이라는 어둠이 훨씬 더 컸다고 말하고 있다.

분리의 어둠 속으로

이제 우리는 경의와 경외의 마음으로 십자가의 신비와 역설의 가장 깊은 심연 안으로 들어간다. 이미 매질과 십자가형으로 인한 신체적 고통을 당하시고 세 시간 동안 공개적으로 조롱을 당하시며 수치스러운 정서적 고통을 당하신 예수가 이제 무한하게 더 큰 고통―하나님 그분의 아버지와의 분리라는 고통―의 가장 깊은 어둠으로 들어가신다.

우리는 이에 관해 두 가지 질문을 던져야 한다. 첫째, 그것은 주관적이기만 했을까? 그리고 둘째, 하나님이 정말로 부재하셨을까?

그것은 주관적이기만 했을까?

다시 말해서, 예수가 너무나도 큰 고통을 당하셨기에 그분이 그저 버림받았다고 느끼셨을 뿐 사실은 버림을 받지 않으셨던 것은 아닐까? 어떤 사람들은 예수의 이 부르짖음을 그렇게 해석한다. 그들은 그분이 실제로 하나님으로부터 분리되는 경험을 하신 것은 아니며, 그저 그분한테 그렇게 느껴졌을 뿐이라고 말한다. 그것은 객관적 현실이 아니라 주관적인 분리의 느낌이었다.

하지만 이는 충분한 설명이 될 수 없다. 그것은 너무 피상적이다. 그런 견해는 예수가 그 세 시간의 어둠 속에서 겪으셨던 어둠과 외로움, 유기의 무시무시한 깊이를 제대로 설명하지 못한다. 예수가 지셨던 죄의 무게라는 현실과 그렇게 하셨을 때의 결과를 제대로 설명하지 못한다.

- ◆ 하나님의 아들이 자신의 아버지한테서 단절되셨다.
- ◆ 영원히 자신의 아버지와 완벽한 사귐을 누리셨던 그분이 이제 그것을 잃어버리셨다.
- ◆ 아버지의 임재라는 햇빛과 사랑, 기쁨 외에는 아무것도 모르셨던 그분이 이제 아버지의 부재라는 어둠 속으로 가라앉

으셨다—자신의 아버지한테서 분리되셨다.

그리고 그분은 "왜?"라고 부르짖을 수밖에 없었다.

정말로 왜?

인간을 하나님으로부터 분리할 수 있는 것은 단 하나밖에 없다. 그것은 바로 죄다. "오직 너희 죄악이 너희와 너희 하나님 사이를 갈라놓았고 너희 죄가 그의 얼굴을 가리어서 너희에게서 듣지 않으시게 함이니라"라고 이사야는 말한다(사 59:2).

하지만 예수는 아무런 죄도 짓지 않으셨다.

본디오 빌라도조차도 예수가 죄가 없으시다고 인정했다. 예수의 옆에서 십자가에 달린 두 테러리스트 중 한 사람도 이를 인정했다. 그는 다른 편 강도에게 "우리는 우리가 행한 일에 상당한 보응을 받는 것이니 이에 당연하거니와 이 사람이 행한 것은 옳지 않은 것이 없느니라"라고 말했다(눅 23:41).

그렇다면 왜 그분은 자신의 아버지와 분리되었다고 이렇게 부르짖으셨을까?

유일한 대답은 이것이다. 그분이 우리의 죄를 지고 계셨기 때문이다. 예수를 그분의 아버지로 단절시킨 것은 우리의 죄였다. 세례 요한은 "보라. 세상 죄를 지고 가는 하나님의 어린 양이로다"라고 말했다(요 1:29). 그리고 바울은 이를 분명히 설명한다. "하나님이 죄를 알지도 못하신 이를 우리를 대신하여 죄로 삼으신 것은"(고후 5:21).

그렇게 예수는 죄의 어둠 가장 깊은 곳—죄에 대한 하나님의 진노의 자리, 하나님의 거부와 하나님의 증오, 악한 모든 것에 대한 하나님의 유죄 선고의 자리—으로 들어가셨다. 예수는 그 가운데 시간 동안 십자가 위에서 우리를 대신해 그 자리로 들어가신다. 그리고 그곳에서 그분은 그분의 인성으로 하나님과의 단절이라는 끔찍하고 상상조차 할 수 없는 현실을 경험하셨다.

"나의 하나님, 나의 하나님 어찌하여 나를 버리셨나이까?" 예수가 하신 말씀은 시편 22편을 여는 말이다. 그분은 시편 88편을 인용하실 수도 있었을 것이다. 여기서 또 다른 시편 기자는 하나님의 진노에 대한 두려움을 표현한다. 물론 예수는 시편 기자가 상상도 할 수 없었던 방식으로 그 실체를 경험하셨다.

> 주께서 나를 깊은 웅덩이와
> 어둡고 음침한 곳에 두셨사오며
> 주의 노가 나를 심히 누르시고
> 주의 모든 파도가 나를 괴롭게 하셨나이다 …
> 여호와여, 어찌하여 나의 영혼을 버리시며
> 어찌하여 주의 얼굴을 내게서 숨기시나이까? …
> 주의 진노가 내게 넘치고
> 주의 두려움이 나를 끊었나이다 …
> 내가 아는 자를 흑암에 두셨나이다.
>
> (시 88:6~7, 14, 16, 18)

시편 기자는 어둠이 자신의 가장 가까운 친구라고 말했지만, 예수에게 어둠은 전혀 친구가 아니었다. 그것은 그분이 당하신 고통의 가장 깊은 심연이었다.

이를 묘사하는 스코틀랜드 신학자 도널드 매클리어드(Donald Macleod)의 말을 들어보라. 나는 이보다 더 잘 표현할 자신이 없다.

> 성자께서 가장 그분을 필요로 하셨을 때, 그분이 가장 큰 고통 속에 있을 때 하나님은 계시지 않으셨다. 성자는 부르짖었지만 듣지 않으셨다. 낯익은 원천, 궁극적인 원천, 유일한 원천이 있지 않으셨다. 언제나 계시는 하나님, 그 어느 때보다 절실하게 필요했던 하나님이 어디에도 보이지 않으셨다. 성자의 부르짖음에 대해 아무런 대답도 없었다. 아무런 위로도 없었다. 예수는 하나님 없이, 자신의 아들 됨에 대한 어떤 지각도 없이, 그분의 생애에서 유일하게 "아바, 아버지"라고 말할 수도 없는 상태로 남겨지셨다. 그분은 하나님의 사랑에 대한 아무런 감각도 없이, 하나님의 목적이 작동하고 있다는 느낌도 전혀 없이 홀로 남겨지셨다. 그저 "왜?"라는 물음으로 어둠을 이겨보려고 무력하게 애쓸 뿐이었다. 그분이 죄가 되셨다. 그분이 무법이 되셨다. 그리고 그렇게 무법이 속한 공간, "왜?" 말고는 어떤 소리도 그곳을 벗어날 수 없는 블랙홀로 추방당하셨다. 그것은 성자께서 마지막 고통 속에서 성부께 손을 내밀며 하셨던 유일한 말씀이었다. 그토록 절실하게 성

부가 필요했지만, 죄가 되신 성자는 그분을 알아볼 수 없었다. 성자는 성부의 임재에서 쫓겨나셨다. 어떤 조화도 있을 수 없었다. "주 하나님 독생자 아낌없이 우리를 위해 보내주셨네!" 그분을 성자가 아니라 죄로 대하셔야 했다.[2]

다시 말해서, 하나님이신 동시에 인간이셨던 예수는 하나님으로부터 분리된다는 것이 무엇을 뜻하는지를 철저하게 경험하셨다. 그 시간 신비로운 무한 속에서—지상의 시간이었지만 그 깊이와 의미에서는 영원이었던 시간 속에서— 예수는 지옥이 무엇인지를 경험하셨다.

데살로니가후서 1장 9절에서 바울은 하나님을 궁극적으로 거부하는 이들, 회개하지 않고 죄를 고집하며 악한 마음으로 그분께 돌아가기를 거부하는 이들의 운명을 이렇게 설명한다. "이런 자들은 주의 얼굴과 그의 힘의 영광을 떠나 영원한 멸망의 형벌을 받으리로다." 바울은 그 단어를 사용하지 않지만 여기서 그가 묘사하는 것은 바로 지옥이다. 지옥은 영원한 파괴의 심판, 하나님과의 단절이다. 차단. 분리. 버려짐. 그리고 예수가 그 자리로 가셨다.

어떤 이들은 이렇게 말한다. "좋다. 괜찮다. 지옥이 하나님으로부터의 분리라면 나는 그 정도는 견딜 수 있다. 지금도 하나님이 없이 살아가고 있으니 영원히 그분 없이 살 수 있을 것이다. 무슨 차이가 있는가?"

혹시라도 그렇게 생각하고 싶은 마음이 든다면 부디 그러지 말라. 터무니없는 생각일 뿐이다. 당신이 지금 하나님과 관계없이 살고 있을 수도 있다. 그렇다고 해서 당신이 하나님 없이 사는 것은 아니다. 무엇이 당신의 생명, 당신의 건강의 원천이라고 생각하는가? 당신에게 당신이 먹는 음식과 당신이 마시는 물, 당신이 숨 쉬는 공기를 제공하는 것은 하나님의 피조물이다. 당신이 인간관계 속에서 누리는 사랑과 기쁨, 일을 할 수 있게 해주는 활기, 당신의 야심, 당신이 하는 운동, 당신의 여가, 이 모든 것의 원천은 하나님이시다. 하나님은 우리가 음악과 미술, 다른 이들의 얼굴, 자연과 모든 것 안에서 느끼는 모든 아름다움의 원천이시다! 하나님은 모든 것을 만드신 분, 모든 것을 주시는 분, 인간의 삶을 살 만한 가치가 있도록 만들어주는 모든 것, 하나님이 주신 모든 것으로 우리가 성취하는 모든 것 배후에 계신 활력이시다. 그러므로 절대로 지금 당신이 하나님 없이 살아가고 있다고 생각하지 말라.

하지만 정말로, 실제로, 전적으로 하나님 없이 사는 것이 어떤 모습일지 한번 상상해보라. 삶을 살 만한 가치가 있도록 만들기 위해 하나님이 풍성하게 주시는 그 모든 것으로부터 단절되어 있다고 상상해보라. 사랑도, 생명도, 빛도, 기쁨도, 격려해 주는 인간관계도 없고 전적으로 철저히 혼자라고 상상해보라. 평화도, 기쁨도, 만족도, 소망도, 희망의 조짐도, 미래도 없다. 그저 선한 모든 것의 무한한 부재만 있을 뿐이다. 하나님의 모든 것, 하나님이 주시는 모든 것으로부터 완벽하게 차단되어 있다. 그것이 바로 지옥이다. 어쩌면 그것은 지옥의

극히 작은 한 부분에 불과할지도 모른다.

예수가 거기로 가셨다. 예수가 이 어둠의 심연으로, 하나님과 단절된 바깥 어두운 데로 내려가셨다. 예수는 당신과 내가 그럴 필요가 없게 하시려고 그렇게 하셨다. 우리가 거기로 가지 않을 수 있게 하시려고, "그를 믿는 자마다 멸망하지 않고 영생을 얻게 하려" 하시려고 그분이 거기로 가셨다.

그렇다면 버려짐이라는 어둠이 그저 주관적인 것, 예수가 그저 자신 안에서 느끼신 무언가에 불과했을까? 아니다. 그것은 실제적이었다. 그것은 예수가 십자가 위에서 마신 고통의 잔을 이루는 가장 무시무시한 한 부분이었다.

하나님이 정말로 부재하셨는가?

두 번째 질문은 이것이다. 하나님은 정말로 이 장면에서 부재하셨는가? 다시 말해서, 예수가 십자가에 달려 죽어 가시며 "나의 하나님, 나의 하나님 어찌하여 나를 버리셨나이까?"라고 외치실 때 하나님은 정말로 계시지 않으셨는가? 물론 우리는 "아니다!"라고 대답해야 한다. 그리고 이것은 십자가의 가장 놀라운 역설과 신비다. 즉 하나님이 이 땅 위 그 어느 곳보다 십자가 위에 더 강력하게 계셨다.

"나와 아버지는 하나이니라"라고 예수는 말씀하셨다. 따라서 그 끔찍한 단절, 그 무시무시한 분리의 시간은 성자께서 견디신 고통만큼이나 성부께서 감당하신 고통이었다. "하나님께서 그리스도 안에 계시사 세상을 자기와 화목하게 하시며"

라고 바울은 말한다(고후 5:19). 이 깊은 어둠과 분리를 포함하여 우리를 구원하는 일은 하나님의 일(말하자면 하나님의 전부)이었다. 성부 하나님과 성자 하나님, 성령 하나님이 함께 일하셨다. 히브리서에서는 예수가 "영원하신 성령으로 말미암아 흠 없는 자기를 하나님께" 드렸다고 말한다(히 9:14).

하나님은 하늘에 계신 것처럼 땅에도 계셨고, 십자가 위에, 분리의 고통 가운데 계시며 우리의 구원을 위한 대가를 스스로 담당하셨다. 이것이 십자가의 깊은 어둠이었다. 이것은 빛의 시작이기도 했다.

이제 우리가 어둠에서 빛으로, 우리의 묵상의 두 번째 부분으로 넘어가기 전에 돈 카슨(Don Carson)이 쓴 시를 읽어보자. 이것은 그가 예수의 말씀을 묵상하며 쓴 시다. 어떻게 이 시가 처음에 어둠에서 시작하여 마지막에 빛으로 넘어가는지 주목해보라.

어둠이 싸였고 태양을 도망치게 했다.
정복군처럼 재빨리 진군하니
온 땅이 이 폭군의 회초리를 두려워했다.
정오의 어둠은 폭정을 드리웠다.
하지만 하나님께 버림받는 것이
그의 목숨을 앗아가던 피 흘림보다
더 치명적인 절망이었다.
"나의 하나님, 나의 하나님 어찌하여 나를 버리셨나이까?"

예수가 외치셨다.

천둥 같은 침묵. 충격적이며 귀를 먹먹하게 하는

하늘의 고요가 세상을 가득 채웠다.

하나님이 예수에게 대답하지 않으셨기 때문에

나는 그분처럼 지옥에서 이렇게 외치지 않을 것이다.

밤처럼 까만 외로움의 부르짖음이

환한 빛으로 환한 빛으로 비춘다.[3]

빛 속으로

이제 우리는 빛으로 들어간다. 마가는 우리를 십자가의 가장 어두운 순간으로 인도한 다음 이제 우리를 빛 속으로 이끈다. 물론 이 빛은 부활에서 절정에 이를 것이다. 하지만 지금은 거기까지 가지 않을 것이다.

하나님의 창조의 빛 속으로

(33~37절)

먼저 마가는 우리를 하나님의 창조의 빛 안으로 이끈다. 예수가 죽으신 제구시(오후 3시)에 제육시(정오)부터 지속되던 어둠이 끝났기 때문이다.

그리고 해가 나왔다!

성경에서 창조의 기쁨을 상징하는 태양이 다시 빛났다. 시편 19편에서는 태양을 날마다 하늘의 한쪽 끝에서 다른 쪽 끝까지 달리는 기쁨에 넘치는 운동선수로 묘사한다.

태양은 그 금요일 아침에 떠서 예수가 죽으신 정오에 어두워졌다. 그리고 그 태양은 예수가 여전히 무덤 안에 계신 토요일에도 떴을 것이다. 그러나 셋째 날 태양은 다시 살아나신 하나님의 아들과 더불어 떴고, 하나님의 아들이 영광스럽게 빛나시던 그때 새로운 피조물을 비추었을 것이다. 그리고 바울은 하늘과 땅의 모든 피조물이 십자가 위에서 흘리신 그리스도의 피를 통해 하나님과 화해되었다고 말한다. 따라서 예수가 하나님과의 단절이라는 어둠으로 들어가실 때 "빛나기를 거부"했던 태양이 온 피조물의 구속이 시작되었을 때 다시 나왔다.

하나님의 승리의 빛 속으로

(34, 37절)

하지만 둘째로 마가는 우리를 하나님의 승리의 빛 속으로 이끈다. 앞서 이미 언급했듯이 마가복음 15장 34절에 기록된 예수의 부르짖음은 시편 22편 1절의 말씀이다. 그러나 예수가 (혹은 바울이나 모든 신약의 저자들이) 성경의 한 구절을 인용하실 때 이는 언제나 인용된 구절의 맥락을 암시한다. 27절은 이러한 승리를 기대하는 말씀이다. "땅의 모든 끝이 여호와를 기억하고 돌아오며 모든 나라의 모든 족속이 주의 앞에 예배하리니." 이것은 바로 하나님이 아브라함에게 주신 위대한 약속, 땅의 모든 끝까지 복을 받게 하겠다는 하나님의 선교다. 그런 다음 시편 22편은 "주께서 이를 행하셨다!"라는 승리의 말로 마무리된다. 하나님이 이를 성취하실 것이다. 하나님이 세상의 구원을 위해 계획하신 모든 일을 이루실 것이다. 이것이 예수가 인용하시는 시편의 처음과 마지막이다. 이 시편은 끔찍한 거부의 아픔과 이어지는 고통으로 시작되지만, 하나님의 승리에 대한 환희에 찬 확신으로 마무리된다.

마지막 장에서 살펴보겠지만 요한은 예수가 십자가 위에서 하신 마지막 말씀(아마도 마가가 마가복음 15장 37절에서 언급한 "큰소리")이 "다 이루었다"였다고 말한다. 즉 "다 성취되었다!" 승리를 얻었다. 예수가 자신이 하러 오신 일―세상의 죄를 담당하고, 하나님의 심판을 담당하고, 외로운 절망과 유기의 장소로 가고, 우리를 위해 우리를 대신에 그곳에 가 많은 사람을 위해 자신의 목숨을 대속물로 내어주시는 일―을 이루셨다. 그리고 이를 성취하셨기 때문에 그분은 이제 자신의 목숨을 내려놓으실 수 있으셨다.

예수는 하나님의 승리의 빛이 밝아오고 있음을 알고 죽으셨다. 그분이 이미 다 이루셨기 때문이다.

하나님의 임재의 빛 속으로

(38절)

셋째로, 마가는 우리를 하나님의 빛 안으로 이끈다. 38절에서는 예수가 죽으셨을 때 성전의 휘장이 위에서 아래로 찢어져 둘이 되었다고 말한다. 이것은 지성소와 성전의 나머지 부분을 분리하는 휘장이었다. 지성소는 하나님의 임재가 언약

궤 위에 '집중된'(localized) 곳이었다. 사람들이 살아계신 거룩한 하나님의 영광의 임재에 다가가지 못하도록 두꺼운 휘장이 막고 있었다. 대제사장만 1년에 한 번 그곳에 들어갈 수 있었다.

예수가 죽으실 때 하나님은 그 휘장을 위로부터 아래로 찢으신다. 이제 더는 아무런 장애물도 없다. 더는 하나님은 성전 안 어둠 속에 은폐되어 있지 않으신다. 이제 하나님은 예수가 흘리시는 피를 통해 세상을 용서와 새 생명의 빛 안으로 초대하고 계신다. 예수의 죽음 때문에 우리는 하나님의 임재 안으로 초대를 받는다. 십자가가 그 길을 열었다. 휘장이 찢어졌다.

따라서 히브리서 기자는 이 사건을 기억하면서 우리에게 그 초대를 받아들이고 그 안으로—하나님의 임재의 빛 안으로—들어가라고 권한다.

> 그러므로 형제들아 우리가 예수의 피를 힘입어 성소에 들어갈 담력을 얻었나니, 그 길은 우리를 위하여 휘장 가운데로 열어 놓으신 새로운 살 길이요 휘장은 곧 그의 육체니라. 또 하나님의 집 다스리는 큰 제사장이 계시매, 우리가 마음에 뿌림을 받아 악한 양심으로부터 벗어나고 몸은 맑은 물로 씻음을 받았으니 참 마음과 온전한 믿음으로 하나님께 나아가자.
>
> (히 10:19~22)

그리고 마가가 이 순간을 묘사할 때 찢어진 휘장을 통과한 사람, (누가가 말하듯이 그분 곁에서 십자가에 달린 채 회개했던 강도를 잠깐 무시한다면) 이를테면 믿음으로 하나님의 임재 안으로 들어간 첫 사람이 이방인이었다는 사실이 놀랍지 않은가? 39절에 따르면, 방금 일어난 일의 진리를 깨닫고 살아계신 하나님에 대한 믿음의 빛 안으로 걸어 들어간 사람은 바로 로마의 백부장이었다.

하나님의 아들의 빛 속으로

(39절)

마지막으로 마가는 39절에서 하나님의 아들의 빛 안으로 우리를 이끈다.

백부장이 예수 앞에 서 있다. 아마도 그가 그곳의 책임자였다는 뜻일 것이다. 그는 이 모든 사건을 감독하고 있었다. 그리고 그는 이런 장면을 얼마나 많이 목격했을까? 그는 얼마나 많은 사람을 십자가에 못 박았을까? 이 무시무시한 일을 수없이 하는 동안 완악하고 무자비해졌다. 그는 예수처럼 죽어가는 사람들을 수백 명을 보았을 것이다. 하지만 마가는 그가 예수의 울부짖음을 들었을 때, 그분이 죽는 모습을 보았을 때, 무언가가 이 완악해진 이교도 백부장으로 하여금 자신이 그날 아침 십자가에 못 박았던 이 남자에 관한 진리를 확신하게 했다. 그리고 그는 "이 사람은 진실로 하나님의 아들이었도다"라고 말했다.

그것이 구원에 이르게 하는 참된 믿음의 고백이었을 것이라고 믿고 싶지만 우리는 백부장이 자신이 한 그 말을 얼마나 이해했는지 알 수 없다. 그러나 이 말을 기록한 마가는 온전히 이해했다. 마가는 우리, 즉 자신의 독자들이 이것을 자신의 복음서 서사의 절정으로 보게 하겠다는 분명한 의도가 있었다. 그는 이 말로 시작해서 이 말로 마무리한다. 그는 "하나님의 아들 예수 그리스도의 복음의 시작이라"라는 말로 이 복음서를 시작했다. 그리고 여기서 복음서를 맺으면서 그는 "이 사람은 진실로 하나님의 아들이었도다"라는 로마 백부장의 말을 기록하고 있다.

하지만 마가는 작가로서의 기법을 활용해 자신의 주장을 훨씬 더 명확하게 드러내고 있다. 마가복음 1장 10~11절에서 예수가 세례를 받으실 때 마가는 하늘이 "갈라졌고" "너는 내 사랑하는 아들이라"라는 목소리가 하늘로부터 들렸다고 말한다. 그리고 여기 15장 38~39절에서는 동일한 헬라어 동사(마가복음에서 이 두 곳에만 사용됨)를 사용해 예수가 죽으실 때 성전의 휘장이 "찢어져 둘이" 되었다고 말하며 "이 사람은 진실로 하나님의 아들이었도다"라는 백부장의 말을 기록하고 있다. 짝을 이루는 두 사건, 갈라짐과 목소리. 하나는 하나님의 목소리였고 다른 하나는 믿는 인간의 목소리였다. 그리고 둘 다 예수에 관한 동일한 진리를 말하고 있다.

따라서 예수가 누구이신지를 우리가 반드시 알아야 하는 것이 마가의 의도였다. 그분은 하나님의 아들이시다. 하지만 마가복음에서 지금까지 하나님과 귀신들만 이 사실을 인정했다. 하나님은 이를 두 차례 선언하신다. 첫째로 예수가 세례를 받으실 때 "너는 내 사랑하는 아들이라"라고 말씀하셨고, 두 번째로 변화산에서 "이는 내 사랑하는 아들이니"라고 말씀하셨다(막 9:7). 거라사 사람을 사로잡고 있던 군대 귀신들은 예수가 그들을 꾸짖으셨을 때 "지극히 높으신 하나님의 아들 예수여 나와 당신이 무슨 상관이 있나이까?"라고 외쳤다(막 5:7). 하지만 마가복음에서 예수가 하나님의 아들이심을 인정한 평범한 인간은 한 명도 없었다―이 순간까지는. 나는 이것이 매우 의도적이라고 생각한다. 마가는 이 로마 백부장이 가운데 십자가에 못 박힌 이 사람에 관한 진리를 깨달은 것이 그가 예수의 죽음을 목격하면서("그렇게 숨지심을 보고," 39절)라는 것을 우리가 눈여겨보기를 원했다고 나는 생각한다. 마가의 주장은, 만약 하나님의 아들이 어떤 분이신지를 참으로 이해하기 원한다면, 우리는 십자가에 달리신 그분을 보아야 한다는 것이다. 그분은 자기 목숨을 내어주러 오신 아들이시다. 종이 되신 아들. 이 아들이 아버지의 뜻을 기꺼이 행하기 위해 우리 구원의 대가를 담당하겠다고 작정하셨다. 그리고 그런 의미에서 마가의 목적은 요한의 목적과 정확히 일치한다. 요한은 자신의 복음서 마지막 부분에서 "오직 이것을 기록함은 너희로 예수께서 하나님의 아들 그리스도이심을 믿게 하려 함이요 또 너희로 믿고 그 이름을 힘입어 생명을 얻게 하려 함이니라"라고 말한다(요 20:31). 그리고 예수도 "내 말을 듣고 또 나 보내신 이를 믿는 자는 영생을 얻었고 심판에 이르지 아니하나니 사망에서 생명으로 옮겼느니라"라고 말씀하신다(요 5:24). 사망에서 생명으로, 어둠에서 빛으로.

결론을 맺자. 마가는 무엇을 보여주고 있는가? 마가는 필요한 말 외에는 한 마디도 더 사용하지 않으면서 십자가 죽음을 황량하게 서술하고 있다. 하지만 이를 통해 마가는 먼저 우리를 어둠 속으로 이끈다.

- 어둠의 덮개 속으로
- 애도하는 피조물의 어둠 속으로
- 하나님의 심판이라는 어둠 속으로
- 우리를 위해 성자께서 성부로부터 분리되신 그 어둠 속으로

또한 마가는 우리를 어둠에서 꺼내 빛 안으로 이끈다.

- 화해된 피조물의 햇빛 안으로
- 그리스도께서 성취하신 하나님의 승리의 빛 안으로
- 예수에 대한 믿음을 통해 그분께 나아오는 모든 이들을 위한 하나님의 임재의 빛 안으로
- 우리를 위해 죽으신 영광스러운 하나님의 아들의 빛 안으로

그리고 바울은 "그런즉 이 일에 대하여 우리가 무슨 말 하리요? 만일 하나님이 우리를 위하시면 누가 우리를 대적하리요? 자기 아들을 아끼지 아니하시고 우리 모든 사람을 위하여

내주신 이가 어찌 그 아들과 함께 모든 것을 우리에게 주시지 아니하겠느냐?"라고 말한다(롬 8:31~32). 빛과 죄 사함, 그리스도와 함께 영원히 누릴 복을 비롯해 모든 것을 주실 것이다. 그리스도께서 그곳에 가셨고, 우리가 그분을 믿는다면 이제 우리는 그곳에 갈 필요가 없기 때문이다.

Prayer.

하늘에 계신 아버지, 주 예수 그리스도, 십자가에서 행하신 일로 인해 우리 마음이 주님을 예배하고 찬양하며 주님께 감사드립니다. 우리를 위해 그곳에 가신 주님, 감사드립니다. 성부와 성자, 성령이 함께 우리를 위해 분리와 심판, 저주, 진노의 고통을 다 겪으시고 주님이 그 모든 것을 담당하셔서 우리가 주님을 믿을 때 더 이상 그 고통을 당할 필요가 없게 하시니 감사를 드립니다. 다시 한 번 주님을 믿기를 원합니다. 지금까지 한 번도 그러지 않았다면 처음으로 주님을 믿기를 원합니다. 우리를 위해 죽으신 주 예수 그리스도를 믿기 원합니다. 주님, 그렇게 할 수 있도록 우리를 도와주소서. 주님, 그 빛을 받아들이고, 주님을 믿는 사람은 누구든지 멸망하지 않고 영생을 얻을 것이라고 주님의 약속의 확신을 갖도록 도와주소서. 우리의 축복과 구원을 위해서, 또한 주님의 영광과 우리 주 예수 그리스도의 이름을 위해 이 기도를 드립니다. 아멘.

다 이루었다

05

요한복음 19장 28~37절

28 그 후에 예수께서 모든 일이 이미 이루어진 줄 아시고 성경을 응하게
하려 하사 이르시되 내가 목마르다 하시니

29 거기 신 포도주가 가득히 담긴 그릇이 있는지라 사람들이 신 포도주
를 적신 해면을 우슬초에 매어 예수의 입에 대니

30 예수께서 신 포도주를 받으신 후에 이르시되 다 이루었다 하시고 머
리를 숙이니 영혼이 떠나가시니

31 이 날은 준비일이라 유대인들은 그 안식일이 큰 날이므로 그 안식일
에 시체들을 십자가에 두지 아니하려 하여 빌라도에게 그들의 다리를
꺾어 시체를 치워 달라 하니

32 군인들이 가서 예수와 함께 못 박힌 첫째 사람과 또 그 다른 사람의 다
리를 꺾고

33 예수께 이르러서는 이미 죽으신 것을 보고 다리를 꺾지 아니하고

34 그 중 한 군인이 창으로 옆구리를 찌르니 곧 피와 물이 나오더라

35 이를 본 자가 증언하였으니 그 증언이 참이라 그가 자기의 말하는 것
이 참인 줄 알고 너희로 믿게 하려 함이니라

36 이 일이 일어난 것은 그 뼈가 하나도 꺾이지 아니하리라 한 성경을 응
하게 하려 함이라

37 또 다른 성경에 그들이 그 찌른 자를 보리라 하였느니라

개인적 논평
설교를 준비하면서

만약 내가 그리스도의 수난에 대한 요한의 이야기에 관한 연속 설교를 계획했다면 이 긴 본문을 두 편의 설교로 나눴을 것이다. 28~30절만으로도 설교 한 편을 충분히 할 수 있다. 하지만 28~37절 전체가 나에게 주어졌으므로 나는 이 본문을 다 다루기 위해 최선을 다했다!

두 관점

본문을 통독하면서 나는 35절에 개인적인 증언이 기록되어 있다는 점에 놀랐다. "이를 본 자가 증언하였으니. … " 이것은 실제로 십자가 옆에 있었던 증인 (요한)의 말이다. 그는 일어난 모든 일을 보았다. 따라서 그는 자신의 관점에서 사건을 기록하고 있으며, 그는 우리에게 예수가 죽으신 후 한 특정한 행동이 두 성경 본문에 대한 기억을 환기했다고 말한다.

하지만 28~30절을 읽어보면 요한이 예수가 생각하시는 바를 우리에게 말하고 있는 것처럼 보인다. 내가 설교에서 말했듯이 우리는 예수가 부활 후에 이것을 요한에게 말씀해 주셨다고 추측할 수밖에 없다. 다시 한 번 예수가 죽으시기 전 마지막 순간까지 성경 구절들이 그분의 마음과 의도를 가득 채우고 있었다.

따라서 이 다른 관점들(28~30절에 기록된 예수가 생각하신 바와 31~37절에 기록된 요한이 보고 기억한바)을 관찰한 결과 나는 두 '시각'을 중심으로 설교의 틀을 잡게 되었다. 앞서 언급했듯이 성경의 이야기가 마치 영화인 것처럼 상상해보는 것이 도움이 될 때가 있다. 당신이 한 영화에서 무엇을 보는가를 결정하는 것은 카메라의 각도다. 그리고 그 각도를 결정하는 것은 감독이다. 따라서 성경의 어떤 책의 저자가 영화감독 같다면, 다른 장면들은 마치 그가 지시하는 대로 바뀌는 카메라의 각도와 같다. 당신은 그가 당신에게 제공하는 관점으로 모든 것을 바라볼 수밖에 없다.

따라서 이 설교는 이런 모습을 갖게 되었다. 요한은 먼저 예수의 마음으로 바라본 십자가를 우리에게 보여준다. 그런 다음 그때 그 자리에 서 있던 증인으로서 자신의 눈으로 바라본 십자가를 우리에게 보여준다. 설교를 이런 식으로 구성하기만 해도 본문 전체를 살아 움직이게 만드는 것처럼 보였다(물론 그럼에도 설교 한 편에 남기에는 너무 긴 본문이며, 다시 이 본문을 설교하게 된다면 나는 두 편으로 나눠서 설교하는 편을 택할 것이다).

예수는 무슨 생각을 하고 계셨을까?

요한복음 19장 28~30절을 연구하면서 요한이 우리에게 예수가 생각하셨다고 말하는 바에 귀를 기울이고 예수가 실제로 말씀하신 바를 들을 때 나는 이 본문 전체가 대단히 의도적이라는 점 때문에 놀랐다. 요한은 십자가형에 대해 묘사하고 십자가에 못 박힌 사람이 극심한 갈증을 느꼈고 그들이 그분께 마실 것을 주었다고만 말하지 않는다(이것은 누구든지 알 수 있는 바다). 요한은 예수가 이 모든 것이 이제 끝났다는 것을 아셨기에 죽었다고 말하지도 않는다. 요한은 십자가에 달리신 예수의 마지막 순간을 계획적인 의도와 위대한 성취의 순간으로 묘사한다. 그리고 이는 매우 놀랍다! 어떻게 십자가에 못 박힌 사람, 갈증 때문에 죽어가고 있는 사람, 죽기 직전에 와 있는 사람, 그런 사람이 이 모든 것을 자신이 성취한 바라고 생각할 수 있단 말인가? 하지만 요한은 그렇다고 말하며, 이를 위해서 우리를 예수의 마음속으로 이끌고, 우리를 위해 십자가 위에서 예수가 하신 말씀, 즉 "내가 목마르다"와 "다 이루었다"라는 말씀을 기록하고 있다.

헬라어로 본문을 읽을 수 있다면 이 모든 것을 암시하는 실마리가 분명해진다. 물론 많은 설교자에게 이는 불가능한 일이다. 하지만 번역본만 보아도 요한이 기록한 두 구절, 즉 "모든 일이 이미 이루어진 줄 아시고"(28절)와 "다 이루었다"(30절) 사이의 유사성을 감지할 수 있다. 헬라어에서 같은 말이다. 그리고 가운데 있는 말 "응하게 하려 하사"(28절)도 정확히 같지는 않지만 매우 비슷하다. 좋은 주석이라면 이 점을 반드시 짚어낼 것이다.

일부 교회에서는 고난 주간이나 성금요일에 예수가 십자가 위에서 하신 일곱 말씀에 대해 설교하는 전통이 있다. 하지만 대개 각각의 말씀을 그것이 기록되어 있는 복음서의 맥락과 분리해 그 자체로만 다룬다. 나는 요한복음의 이 본문에 대해 설교하면서 요한이 기록한 두 말씀("내가 목마르다"와 "다 이루었다")이 요한복음의 문맥에서 어떻게 자리 잡고 있는지를 사람들이 볼 수 있게 하고, 그렇게 함으로써 예수가 이런 말씀을 하신 분명한 이유와 목적을 깨달을 수 있도록 도와주어야 한다고 생각했다. 이 장면 전체가 실현과 성취의 장면이며, 예수도 이를 아셨고 이를 의도하셨다. 따라서 이 두 말씀은 그저 의미 없이 나온 외침이 아니었다. 대단히 명확한 의도와 성취를 염두에 둔 말씀이었다.

따라서 나는 설교에서 성경의 배경을 설명하고, 시편 22편이 어떻게 왜 그 순간 예수의 생각과 의도를 규정하고 있었는지를 보여주려고 노력했다.

십자가의 의미를 확장하기

그러나 나는 조금 더 나아가야 한다고 느꼈다. 많은 교회에서 일어나는 또 다른 일은, 대단히 개인적인 차원에서 그리스도의 십자가를 설교하는 것이다. 즉 예수가 당신의 죄와 나의 죄를 스스로 담당하기 위해 죽으셨고, 따라서 이제 우리가 용서를 받을 수 있게 되었다는 것이다. 복음을 전하기 위해서든, 그리스도인들에게 격려와 확신을 주기 위해서든, 우리는 예수가 우리를 위해 죽으셨기 때문에 하나님이 개인적으로, 그리고 개인으로서 우리 각자에게 약속하신 구원에만 거의 전적으로 초점을 맞춘다. 물론 이 모든 것이 놀라운 진리이며, 나는 그것을 믿고 그로 인해 기뻐한다! 그리고 나는 그런 측면을 설교에 포함하기를 원한다.

그러나 그런 생각(죄인 개개인을 위한 구원)은 하나님이 그리스도의 십자가를 통해 성취하신 바의 총합이 아니다. 예수가 "다 이루었다"—혹은 "다 성취되었다"—라고 외치셨을 때, 그분은 어떤 뜻으로 그렇게 말씀하셨을까? 그분은 하나님이 악과 죄, 죽음으로부터 (모든 피조물을 포함해) 세상을 속량하기 위해 의도하신 모든 것을 성취하셨다는 뜻으로 그렇게 말씀하셨다. 나는 설교를 통해 사람들이 예수가 하신 이 말씀이 실제로 뜻했던 바의 깊은 의미를 이해할 수 있도록 돕는 것이 중요하다고 느꼈다.

그래서 나는 하나님이 그리스도의 십자가를 통해 성취하신 바의 여러 다른 차원에 관해 이야기하는 신약의 본문을 열거했다. 그분은 사탄의 권세를 무너뜨리셨다. 그분은 죽음의 능력을 파괴하셨다. 그분은 적의를 무너뜨리고 평화를 이루셨다. 그분은 피조물 전체를 하나님과 화해시키셨다. 논점을 이탈하는 것을 방지하기 위해 이 구절을 하나씩 다 설명하지는 않았다(그렇게 했다면 설교가 심하게 길어졌을 것이며 요한복음의 본문에서 크게 벗어나고 말았을 것이다). 나는 그저 이런 내용을 읽고, 이 모든 것이 다 하나님의 계획의 일부이며 따라서 그리스도가 성취하신 바의 일부였다고 지적하기만 했다. 이 시점에서 설교를 통해 예수가 하신 "다 이루었다"는 말씀의 의미에 대한 사람들의 이해를 확장하려고 노력했다. 사람들이 내가 언급한 사항은 모두 다 즉시 파악하지는 못했을 것이다. 그러나 축적된 효과가 그들에게 '영향'을 미치기를 바랐다. 나는 그들이 "와! 십자가는 정말 위대한 사건이다!"라고 생각하기를 바랐다.

이런 설교에 이어서 인용된 각각의 본문, 즉 다른 방식으로 십자가에 관해서 이야기하는 본문에 관한 연속 성경 공부 모임을 해볼 수도 있다. 설교를 통해서 나는 사람들의 비전을 확장하고 그들의 놀라움과 호기심을 자극하기를 원했다. 그들이 "십자가에서 그렇게 많은 일이 일어났다는 것을 지금까지 전혀 모르고 있었어. 이에 관해 더 깊이 생각해보아야 하겠어!"라고 생각하기를 바랐다.

속죄에 관해 가르치기

예수의 십자가 죽음이 복음과 기독교 신앙의 핵심을 이루므로 사람들이 이에 관해 잘못된 생각을 갖지 않게 하는 것이 중요하다. 성경이 이에 관해 이야기하는 핵심적인 방식은 예수를 우리의 '대속물'로 보는 것이다. 예수가 우리를 대신하셨다. 하나님의 심판을 받아 마땅한 것은 우리의 죄였지만 예수가 우리를 대신해 하나님의 진노를 당하셨다. 그분은 전혀 죄가 없으셨지만, 우리 죄가 초래한 결과를 대신 지셨다. 우리가 용서를 받을 수 있게 하시려고 그분은 우리가 마땅히 받아야 할 바를 받으셨다.

하지만 어떤 사람들은 오해하기 쉬운 방식으로 십자가에 관해 말하고 설교한다. 그들은 거의 예수가 하나님으로부터 분리되었다는 식으로 말한다. 하나님이 우리를 벌하셨어야 했지만, 마치 예수가 '제삼자'이신 것처럼, 즉 다른 누군가가 마땅히 당해야 할 고통을 억지로 겪은 무고한 희생자이신 것처럼 하나님이 그분을 벌하셨다는 것이다. 반대로 속죄에 관해 그런 식으로 말하는 것을 대단히 싫어하는 이들도 있다. 그들은 그렇게 말할 때 하나님을 마치 아들이 저지르지 않은 일 때문에 아들을 벌함으로써 자기 아들을 학대하는 잔인한 아버지처럼 보이게 한다고 주장한다.

나는 설교에서 요한이 예수의 죽음을 묘사하는 방식을 강조함으로써 이런 상반되는 두 입장이 지닌 문제점을 짚어야 한다고 생각했다. "머리를 숙이니 영혼이 떠나가시니라." 이 말씀을 통해 예수가 죽기를 택하셨음이 분명해진다. 그분은— 군인들에 의해서든, 성부에 의해서든— 그저 살해당하신 것이 아니다. 예수는 기꺼이 자신을 내어주시고 우리를 위해 죽으셨다. 십자가에서 성부 하나님의 뜻과 성자 하나님의 뜻은 전적으로 일치되었다. 하나님은 "우리 대신 다른 누군가를 벌하지" 않으셨다. 하나님은 자신 안에서—성자 하나님 안에서— 우리 죄의 대가와 형벌을 다 치르셨다. 혹은 바울의 말처럼 "하나님께서 그리스도 안에 계시사 세상을 자기와 화목하게" 하셨다. 절대로 구원 사역에서 성부와 성자 사이에 어떤 식으로든 분리가 존재했다고 말해서는 안 된다.

물론 이는 이해하기 어렵다. 놀라운 신비가 존재한다. 삼위일체 하나님이 우리의 속죄에 관여하셨다는 것 자체가 신비다. 하지만 성경이 분명히 그렇게 말하고 있으며, 따라서 우리는 그렇게 믿어야 한다. 그리고 그렇게 설교해야 한다. 그래서나는 이 점을 설명하고, 사람들이 십자가에 관해 더 성경적으로 생각하도록 도우려고 노력하는 데에 시간을 할애했다.

성경을 설명하기

앞에서 말했듯이 30절에서 설교를 마칠 수 있었다면 기뻤겠지만 나에게 주어진 본문은 37절까지였다. 성경 본문을 자세히 설명하는 것이 강해 설교자의 책임이므로 나는 요한 자신이 본 것을 사람들이 볼 수 있도록 도와주고, 그가 본 장면이 그로 하여금 구약성경의 두 본문을 떠올리게 했다는 것을 이해할 수 있도록 했다.

요한은 예수가 이미 죽으셨으므로 로마 군인들이 그분의 다리를 꺾을 필요가 없었다는 것을 알았으며, 그들 중 하나가 예수의 옆구리를 창으로 찌르자 물과 피가 흘러나오는 것을 보았다. 요한이 떠올린 구약의 본문은 유월절 이야기(유월절 어린 양의 뼈를 꺾지 말아야 한다는 말씀을 통해 요한은 예수가 참된 유월절 어린 양으로 죽으시고 사람들을 심판과 사망에서 구원하셨음을 깨달았다)와 스가랴의 말씀(자신들의 죄로 "하나님을 찌른" 사람들이 애통하며 자신이 저지른 바에 대해 회개하고 하나님이 베푸시는 죄 사함과 정화를 누릴 것이라는 말씀)이었다.

따라서 나는 인용된 성경 구절에 관해 설명한 다음, 짧은 결론(설교는 이미 충분히 길었다!)에서 요한이 예수의 죽음을 묘사하면서 우리를 예수의 마음속으로 이끌고 있으며, 그가 인용한 성경 본문을 렌즈로 삼아 자신이 본 것을 우리도 볼 수 있도록 도와주고 있다고 요약했다.

다 이루었다

요한복음 19장 28~37절 [1]

"난 내가 했던 그 어떤 일보다 더 가치 있는 일을 하려고 합니다. 난 내가 알고 있는 그 어떤 휴식처보다 더 평온한 곳을 향해 갑니다."

이것은 프랑스대혁명을 배경으로 한 찰스 디킨스(Charles Dickens)의 소설 《두 도시 이야기》(A Tale of Two Cities)의 등장인물인 시드니 카튼(Sydney Carton)이 했던 유명한 마지막 말이다. 이 말은, 찰스 다네이(Charles Darnay)가 도망쳐 자유를 얻을 수 있도록 자신이 다네이인 것처럼 가장하여 자신의 목숨을 희생했던 카튼이 파리에서 단두대에 올라가면서 하는 말이다.

죽어가는 영웅의 유명한 유언은 문학과 영화의 인기 있는 주제다. 찰스 디킨스는 자신이 좋아하는 바를 시드니 카튼의 마지막 말로 남길 수 있었다. 그는 소설을 쓰고 있었고 자신이 만들어낸 허구의 인물, 다른 이를 대신해 죽기를 자원했던 사람의 생각과 입에 이 말을 집어넣었다.

그러나 요한은 소설을 쓰고 있지 않다. 오히려 그는 우리에게 주 예수 그리스도께서 죽어가시던 순간을 바라보고 그분이 실제로 죽기 몇 분 전에 하신 마지막 말씀을 들어보라고 말한다. 요한은 두 가지 카메라 각도에서 그리스도의 죽음을 우리에게 보여주고 있다. 첫째, 28~30절에서 요한은 그것을 경험하고 계신 그분, 즉 십자가에 달리신 예수의 마음속으로 우리를 이끈다. 그런 다음 31~37절에서 요한은 카메라 각도를 바꿔 그것을 목격하고 있는 그 사람, 즉 십자가 아래 있던 제자 요한 자신의 눈을 통해 그리스도의 죽음을 우리에게 보여준다.

예수의 마음속으로

첫째, 우리는 예수의 의식 안에서 십자가를 바라본다.

그 후에 예수께서 모든 일이 이미 이루어진 줄 아시고 성경을 응하게 하려 하사 이르시되, "내가 목마르다" 하시니, 거기 신 포도주가 가득히 담긴 그릇이 있는지라. 사람들이 신 포도주를 적신 해면을 우슬초에 매어 예수의 입에 대니 예수께서 신 포도주를 받으신 후에 이르시되, "다 이루었다" 하시고 머리를 숙이니 영혼이 떠나가시니라.

(요 19:28~30)

어떻게 요한은 그 순간 예수가 무슨 생각을 하고 계셨는지를 알았을까? 예수가 부활하신 후 제자들과 말씀을 나누셨을 때 요한이 질문했고 예수가 설명하셨을 것이라고 짐작해볼 수밖에 없다. 그때 예수는 죽어가실 때 마음속으로 하셨던 생각과 의도를 알려주셨을 것이다. 따라서 요한은 자신의 복음서에서 우리를 예수의 마음속으로 이끌어 그분이 하신 말씀과 왜 그 말씀을 하셨는지를 깨닫게 한다.

"내가 목마르다"

(28절)

예수는 "내가 목마르다"라고 말씀하셨다. 요한은 틀림없이 우리가 이 말씀의 아이러니를 이해하기를 바랐을 것이다. 이분은 우물가에서 사마리아 여인에게 "내가 주는 물을 마시는 자는 영원히 목마르지 아니하리니"라고 말씀하셨던 바로 그 예수시다(요 4:14). 이분은 초막절에 "누구든지 목마르거든 내게로 와서 마시라"라고 큰소리로 외치셨던 바로 그 예수시다(요 7:37). 이분은 하나님의 보좌에서 "내가 생명수 샘물을 목마른 자에게 값없이 주리니"라고 선언하시는 바로 그분이시다(계 21:6). 하지만 그분이 목마름으로 죽어가고 있다.

왜 예수가 이 말씀을 하셨을까? 가장 명백한 이유는 이 말씀이 참이었기 때문이다. 그분은 지독하게 목이 마르셨다. 십자가형의 고통 중 하나는 극심한 갈증이었다. 탈수가 급속히 진행된다. 이미 매질과 못 박힘 때문에 심각할 정도로 피를 많이 흘린 상태였다. 신체적 고통에 대한 반응으로 엄청난 양의 땀까지 흘렀다. 아침나절을 지나 한낮이 될 때까지 줄곧 태양에 노출되어 있었다. 당연히 그분은 목마르셨다.

하지만 요한은 그들이 예수에게 신 포도주를 마시라고 준 다음에 그분이 하신 마지막 말씀을 비롯해 세 가지 표현으로 그 순간을 묘사함으로써(28~30절) 이 말씀 안에서 우리가 더 많은 것을 보기를 원한다. 동사들에 주목하라.

- ◆ 모든 일이 이미 이루어진(즉 '성취된') 줄 아시고
- ◆ 성경을 응하게 하려 하사 …
- ◆ 이르시되, "다 이루었다" 하시고 …

이 세 단어—이루어진, 응하게, 이루었다—가 영어에서는 다른 말이지만 헬라어에서는 매우 유사하다. 사실 첫 번째와 마지막은 정확히 같은 단어다. "모든 일이 이미 이루어진 줄 아시고 … 예수께서 이르시되, '다 이루었다' 하시고 …" 그리고 가운데 있는 단어 "응하게"는 헬라어에서 거의 같은 말이다. 모두 어떤 목적이 성취되고 완성되었다는 뜻이 있다.

요한은 이 시점에 예수의 의식 속에서 이 모든 경험이 성취의 경험이었음을 우리가 깨닫기를 바란다. 이는 놀라운 역설이다. 죽어 가시는 순간에 예수의 마음은 무력한 절망이 아니라 성취감으로 가득 차 있었다. 그분의 임박한 죽음은 그저 다른 이들이 그분께 부과한 무언가가 아니라 그분이 스스로 성

취하신 바였다.

요한은 예수가 두 가지 이유로, 즉 그분이 아셨던 바 때문에 (이제 모든 것이 성취되었음을 아셨기 때문에), 그리고 그분이 의도 하셨던 바 때문에(성경이 성취되기를 원하셨기 때문에) "내가 목마 르다"라는 말씀을 하셨다고 말한다. 다시 말해서, 이것은 죽어 가고 있었지만, 여전히 자기 자신과 생각, 의도, 말과 행동을 전적으로 통제하고 있던 사람의 철저히 의도적인 말과 행동 이었다.

요한이 우리에게 들려주는 이 세 핵심 구절을 살펴보자.

모든 일이 이미 이루어진 줄 아시고
(28절)

예수는 아직 죽지 않으셨지만, 이제 어떤 것도 그분의 죽음 을 막을 수 없음을 아셨다. 그분은 바로 이 일을 하러 오셨다. 이것이 성부께서 그를 보내신 목적이었다. 예수가 시간 안에 서 태어나시기 전 영원까지 거슬러 올라가는 하나님의 계획 이 이제 완성되고 있다. 그분의 삶의 목적은 자기 목숨을 많은 이들을 위한 대속물로 바치는 것이었다. 그것이 하나님의 뜻 이자 자기 뜻이었다. 그리고 이제 그분은 되돌아올 수 없는 지 점에 이르셨다. 말하자면 그분은 마지막 곡선 주로를 돌아 직 선 주로에 들어서셨다. 이제 그분이 자신의 목숨을 내어주시 는 이 순간을 멈출 수 있는 것은 아무것도 없었다. 이제 그분 의 죽음은 불가피했다.

하지만 우리는 '그렇게 생각하는 것이 무슨 의미가 있는 가?'라고 물을 수도 있다. 그분께는 다른 선택의 여지가 별로 없었다. 그분은 거기 팔을 뻗은 채 십자가에 매달려있을 뿐이 었다. 어떻게 그분이 "이제 다 됐어! 내가 해냈어! 마침내 성 공했어!"라고 생각하실 수 있단 말인가? 하지만 바로 그것이 핵심이다. 예수가 돌이킬 수 없는 이 시점에 이른 것은 그분이 죽기로 그토록 철저히 결심하셨기 때문이었다.

생각해보면 거의 모든 사람이 예수가 자신의 생명을 내어 주시는 이 자리에 오지 못하도록 막으려 했다. 처음부터 헤롯 은 그분이 어린 아기였을 때 그분을 죽이려고 했다. 바로 거기 서 이야기 전체가 멈추었을 수도 있다. 그런 다음 예수가 사역 을 시작하셨을 때 마귀는 훨씬 더 매력적인 대안을 제시하면 서 예수를 유혹해 그분이 성부께 순종하는 길, 즉 고통과 죽 음으로 이르는 길을 가지 못하게 하려고 했다. 가이사랴 빌립 보에서 예수가 제자들에게 앞으로 일어날 일을 설명하기 시 작하셨을 때, 베드로는 "주여, 그리 마옵소서. 이 일이 결코 주 께 미치지 아니하리이다"라고 말했다. 나중에는 그분의 어머 니와 가족들이 그분이 위험한 사역을 그만두게 하려고 노력 했다. 겟세마네에서 경험한 최악의 순간에 갈등하는 그분의 인간적 의식으로부터 성부께서 그분에게 주시는 잔을 마시 지 않기를 바라는 깊은 갈망이 흘러나오기도 했다. 그들이 그 분을 체포했을 때 그분은 자신을 구할 천사 부대를 부를 수도 있음을 아셨다. 그리고 그날 아침 빌라도는 그분을 석방하려고 노력했다. 십자가에 달리신 그 순간에도 그분 옆에 있는 범죄자들은 (물론 조롱하는 말로) 그분께 "너와 우리를 구원하라"라고 말했다(그분은 그렇게 하실 수도 있으셨다). 따라서 예수가 이 마지막 승리의 시점에 도달하신 것은 그분이 죽음을 향한 이 길을 끝까지 가겠다고 결심하셨기 때문이었다. 이제 모든 것이 이뤄졌다. 모든 것이 완성되었다. 그 무엇도 예수가 자신의 목숨을 내어주시고 성부께서 그분을 보내신 그 목적을 완수하는 것을 막을 수 없었다.

성경을 응하게 하려 하사
(28절)

예수의 생애 전체에서 지금까지 그분을 인도했던 성경이 죽어가는 그분의 의식에도 가득 차 있었다. 요한복음에서 일곱 장 앞에 기록된 5일 전의 사건에서 우리가 지금 '종려 주일'이라고 부르는 날에 예수는 나귀를 타고 예루살렘에 입성하셨다. 거기서도 요한은 이것이 성경, 즉 스가랴 9장 9절의 성취라고 말했다(또한 요한은 제자들이 부활 이후에야 비로소 이 모든 것을 깨달았다고 말한다. 그래서 십자가에서 예수가 그런 말씀을 하신 까닭에 관한 설명을 요한이 부활하신 예수에게서 직접 들었을 것이라고 나는 주장했다). 따라서 여기서 예수는 성경을 염두에 두고 "내가 목마르다"라고 말씀하신다.

스가랴 9:9

시온의 딸아 크게 기뻐할지어다 예루살렘의 딸아 즐거이 부를지어다 보

라 네 왕이 네게 임하시나니 그는 공의로우시며 구원을 베푸시며 겸손
하여서 나귀를 타시나니 나귀의 작은 것 곧 나귀 새끼니라

어떤 성경을 말하는가? 3장에서 살펴보았듯이 시편 69편
21절일 수도 있다. "그들이 … 목마를 때에는 초를 마시게 하
였사오니." 아마도 누가는 신 포도주를 적신 해면에 관한 이
야기가 이 구절을 반영하고 있다고 보았을 것이다.
　하지만 요한은 예수가 시편 22편 15절을 염두에 두셨다고
보는 것 같다.

　　내 힘이 말라 질그릇 조각 같고
　　내 혀가 입천장에 붙었나이다.
　　주께서 또 나를 죽음의 진토 속에 두셨나이다.

　예수가 이 구절을 생각하고 계셨을 가능성이 크다. 마가복
음을 통해 예수가 이미 시편 22편 1절을 인용하셨음을 알고
있기 때문이다. 고통의 절정에서 그분은 "나의 하나님, 나의
하나님, 어찌하여 나를 버리셨나이까?"라고 외치셨다. 그리고
요한 역시 시편 22편 18절을 인용했다. 군인들이 제비를 뽑아
예수의 옷을 나눠 가지는 장면이다(요 19:23~24 군인들이 예수를
십자가에 못 박고 그의 옷을 취하여 네 깃에 나눠 각각 한 깃씩 얻고 속옷
도 취하니 이 속옷은 호지 아니하고 위에서부터 통으로 짠 것이라 군인
들이 서로 말하되 이것을 찢지 말고 누가 얻나 제비 뽑자 하니 이는 성경

에 그들이 내 옷을 나누고 내 옷을 제비 뽑나이다 한 것을 응하게 하려 함이러라 군인들은 이런 일을 하고).

시편 22편의 어떤 내용이 예수의 마음을 그토록 가득 채웠을까? 나는 그분이 시편의 전반부와 후반부 모두를 자신에게 적용하셨다고 생각한다. 21절까지 이 시편의 전반부를 보라. 그것은 격렬한 고통을 겪고 있는 사람, 하나님께 버림받고 사람들에게 학대당한다고 느끼는 사람, 일련의 폭력적 은유로 자신의 고통을 묘사하는 사람의 부르짖음이다. 그는 위험한 짐승들에게 공격당하고, 마비되고, 찔리고, 말문이 막히고, 무방비상태이고, 벌거벗겨지고, 노출당하고, 덫에 걸리고, 속박당했다. 이것은 무시무시한 묘사이며, 시편 기자가 자신의 고통을 묘사하기 위해 사용한 이 이미지 중 일부는 십자가형을 당하신 예수에게 그대로 적용되었다. 따라서 분명히 예수는 시편 22편의 전반부와 스스로 동일시하시고 자신의 고통을 그 말씀의 성취로 보셨을 것이다.

그러나 시편 22편의 후반부(22절부터 끝까지)에서는 놀랍게도, 그리고 아무런 설명도 없이 구원을 베푸시는 하나님을 찬양하리라는 기대를 표현한다. 시편 기자는 하나님이 그를 구원하고 신원하실 뿐만 아니라 가난한 이들(26절)과 부유한 이들(29절), 이미 죽은 세대들(29절)과 장차 올 세대들(30절)도 하나님의 구원을 누릴 것이라고 예상한다. 하나님의 구원이 얼마나 포괄적일 것인지를 이렇게 묘사한다.

땅의 모든 끝이

여호와를 기억하고 돌아오며

모든 나라의 모든 족속이

주의 앞에 예배하리니

나라는 여호와의 것이요

여호와는 모든 나라의 주재심이로다.

(시 22:27~28)

따라서 예수가 "성경이 응하게 하려" 하시려고 목마르다고 외치셨을 때, 그분은 그저 성경의 예언 목록의 작은 항목에 확인 표시를 하신 것이 아니다. 예수는 그 순간 그분께 일어나는 일과 시편 22편 전체의 메시지와 비전이 심층적인 반향을 이루고 있음을 아셨다. 예수는 이 시편의 전반부와 후반부 모두에서 그분이 당하는 고통의 깊이와 그분의 믿음과 그분의 소망의 너비를 표현하는 말씀을 발견하셨다. 이렇게 살아있는 그분의 모든 순간을 지배했던 성경이 그분이 마지막 숨을 거두시는 순간까지도 지배했다.

"다 이루었다"

(30절)

요한이 기록한 예수의 마지막 말씀은 시편 22편—앞서 살펴보았듯이 그 순간 예수의 마음을 가득 채우고 있었던—의 마지막 말씀에 대한 인용이었을 것이다. 이 노래의 절정에서 시편 기자는

자신이 기대하는 모든 위대한 일들이 하나님이 그것들을 성
취하실 것이므로 반드시 일어날 것이라고 예상한다. 장차 올
세대들이 하나님을 찬양할 것이다.

> 와서 그의 공의를 태어날 백성에게 전함이여
> 주께서 이를 행하셨다 할 것이로다!
>
> (시 22:31)

이것이 예수가 마지막 숨을 거두면서 부르셨던 '찬양'이었
다. 요한은 28~30절에서 이 세 구절을 사용함으로 이 의미를
강조한다. 즉 이제 모든 것이 완성되었으며, 성경이 성취되었
고, 다 이뤄졌다. 하나님이 다 하셨다!

이렇게 물을 수 있다. 정확히 무엇이 성취되었는가?

이 물음에 답하기 위해서는 여기서 예수가 인용하신 말씀
과 요한이 인용하는 말씀보다 더 많은 성경 구절이 필요하다.
하나님의 계획과 목적을 설명하는 성경 구절이 필요하다. 다
음은 하나님이 그리스도의 십자가를 통해서 성취하신 바의
온전한 의미를 이해할 수 있게 해주는 성경 구절들이다.

- ◆ 그것은 하나님의 정의가 만족되기 위해 인간의 죄의 모든
  죄책을 해결하고자 하는 하나님의 계획이었다. 그리고 십자
  가에서 하나님은 자신의 아들 예수 그리스도를 통해 그 죄
  책과 벌을 스스로 담당하심으로써 이 계획을 성취하셨다.

그분이 "친히 나무에 달려 그 몸으로 우리 죄를 담당"하셨을 때(벧전 2:24), "여호와께서 우리 모두의 죄악을 그에게 담당"시키셨다(사 53:6).

◆ 그것은 인간의 삶을 짓누르고 훼방하고 파괴하는 모든 악의 권세와 모든 마귀의 세력을 무너뜨리고자 하는 하나님의 계획이었다. 그리고 그리스도께서 "통치자들과 권세들을 무력화하여… 십자가로 그들을 이기셨을" 때 하나님이 이 계획을 성취하셨다(골 2:15).

◆ 그것은 하나님이 만드신 세상에서 인간의 생명의 거대한 약탈자이자 원수인 죽음을 파괴하고자 하는 하나님의 계획이었다. 그리고 십자가에서 하나님은 그리스도의 죽음으로 "죽음의 세력을 잡은 자 곧 마귀"를 멸하시고(히 2:14) "사망을 폐하시고 복음으로써 생명과 썩지 아니할 것을 드러내심"으로써(딤후 1:10) 이 계획을 성취하셨다.

◆ 그것은 유대인과 이방인 사이의 장애물과 소외를 제거하고, 궁극적으로 인간들 사이에 존재하는 모든 형태의 적의와 증오를 제거하고자 하는 하나님의 계획이었다. 그리고 십자가에서 하나님은 그리스도를 통해 이 계획을 성취하셨다. "그는 우리의 화평이신지라. 둘로 하나를 만드사 원수된 것 곧 중간에 막힌 담을 자기 육체로 허시고… 이는 이 둘로 자기 안에서 한 새 사람을 지어 화평하게 하시고 또 십자가로 이 둘을 한 몸으로 하나님과 화목하게 하려 하심이라. 원수 된 것을 십자가로 소멸하시고"(엡 2:14~16).

◆ 그것은 궁극적으로 온 피조물을 치유하고 화해로 이끌고자 하는 하나님의 계획—하나님의 위대한 우주적 선교—이다. 그리고 그리스도의 십자가에서 하나님은 이 계획을 미리 성취하셨다. "십자가의 피로 화평을 이루사 만물 곧 땅에 있는 것들이나 하늘에 있는 것들이 [그리스도]로 말미암아 자기와 화목하게" 되는 것이 하나님의 뜻이기 때문이다(골 1:20).

이것이 하나님이 성취하신 일들이다. 이를 이해했는가? 다시 한번 요약해보자. 하나님의 궁극적인 뜻과 계획, 목적은

◆ 죄가 처벌을 받고 죄인들이 용서를 받는 것
◆ 악을 무너뜨리고 인류를 해방하는 것
◆ 죽음이 파괴되고 생명과 불멸이 빛 가운데 드러나는 것
◆ 원수들이 서로 화해하고 하나님과 화목하는 것
◆ 온 피조물이 회복되고 창조주와 화해하는 것이었다.

그리고 이 모든 것이 십자가에서 성취되었고, 그런 다음 부활로 확증되고 입증되고 보증되었다. 하나님이 의도하신 모든 것이 이제 성취되었다. "다 이루었다."

예수가 하신 이 말씀은 원문에서 한 단어였다. 그리고 이 한 단어에 기독교 메시지의 독특성이 걸려있다. 왜냐하면, 구원이 하나님을 기쁘시게 하고 그분의 호의를 받을만한 자격을 얻기 위해 당신이 무엇을 할 수 있는가의 문제가 아니라 당신

과 그분의 온 세상을 구원하기 위해 하나님이 이미 무엇을 행하셨는가의 문제라고 말하는 것은 기독교 복음밖에 없기 때문이다.

또한 이 한 단어에 그리스도인의 개인적 확신의 근거가 걸려있다. 십자가를 묵상할 때 나는 예수를 거기 못 박은 죄에 나 자신도 포함되어 있음을 떠올릴 수밖에 없다. 하지만 동시에 나는 나 자신이 그분이 거기서 성취하신 완전한 속죄에 포함되어 있음을 보아야 한다. 모든 죄. 나의 죄. 예수가 "다 이루었다!"라고 말씀하셨다. 따라서 나는 다시 돌아와 "아니, 아직 다 이뤄지지 않았다. 내가 해야 할 일도 있다"라고 말해서는 안 된다. 우리는 특히 삶이 잘 풀리지 않고 아직도 하나님이 우리를 벌하시는 것처럼 느껴질 때 습관적으로 우리 죗값을 치르기 위해 이런저런 것을 해야 한다는 생각에 빠진다. 때로는 이런 생각을 품고 기도로 하나님의 임재에 나아간다. "주님, 최근에 저는 그다지 좋은 그리스도인으로 살지 못했으므로 하나님께 기도 응답을 받을 만한 자격이 없습니다. … 저는 부끄럽고 죄책감을 느끼고 있습니다." 하지만 그럴 때 나는 나 자신에게 매우 강력하게 말해야 한다. "나는 하나님께 기도 응답을 받을 만한 자격이 한 번도 없었다!" 그것은 자격을 갖추고 있는가의 문제가 아니라 하나님이 그분의 사랑과 은총으로 성취하신 바를 받는 것에 관한 문제다. 물론 우리의 죄를 고백하고 그것에 대해 부끄러워하는 것은 옳은 일이지만, 예수가 그것을 십자가에서 완전히 담당하셨으며 하나님과의 화평과 깨끗한 양심에 대해 확신할 수 있다는 것을 기억하려는 의도로 그렇게 할 때만 옳은 일이다.

요한이 이렇게 말하기 위해 예수의 말씀을 기록했다고 생각한다. "예수가 하신 말씀을 들어보지 않겠는가? 예수가 '다 이루었다'라고 말씀하셨다. 그분의 말씀을 믿고 죄 사함과 영생에 대해 확신하라!" 내 모든 삶의 모든 죄의 모든 죄책을 그리스도께서 담당하셨다. 이것을 깨달았는가? 옛 찬송가에서는 이렇게 표현한다.

> 내 지은 죄 주홍빛 같더라도
> 주 예수께서 다 아뢰면
> 그 십자가 피로써 다 씻으사
> 흰 눈보다 더 정하겠네! [2]

그리고 더 최근에 나온 찬송가에서는 이렇게 묘사한다.

> 내 죄 때문에 그분이 거기 달리셨네.
> 다 이루시기까지
> 그분이 죽으셔서 나에게 생명 주셨네.
> 다 이루신 것 이제 나는 아네. [3]

당신은 이것을 알고 있는가? 그러기를 바란다.

그분이 영을 내어주셨다

(30절)

요한은 예수의 내적 의식에 관해 마지막으로 하나의 관찰을 덧붙인다. "머리를 숙이니 영혼이 떠나가시니라." 이것은 매우 의도적인 표현이다. 요한의 말은 예수가 그저 숨을 거두셨다는 뜻이 아니다. 그분은 그저 의식을 잃지 않으셨다. 그분은 그저 '생명을 잃어버리지도' 않으셨다. 그분은 자신의 생명을 내어주셨다. 이것은 그분의 능동적인 선택이었으며, 그분은 이루기 위해서 오신 그 일을 마치신 다음 의식적으로 이 선택을 하셨다. 사실 예수는 이미 이렇게 말씀하셨다. "내가 내 목숨을 버리는 것은 그것을 내가 다시 얻기 위함이니 이로 말미암아 아버지께서 나를 사랑하시느니라. 이를 내게서 빼앗는 자가 있는 것이 아니라 내가 스스로 버리노라. 나는 버릴 권세도 있고 다시 얻을 권세도 있으니 이 계명은 내 아버지에게서 받았노라"(요 10:17~18). 따라서 그 순간 예수는 (평생 그렇게 하셨듯이) 성부의 뜻을 행하겠다는 선택을 하셨으며 자신의 의지대로 생명을 내어주셨다.

(28절 첫 부분에 기록된) "모든 일이 이미 이루어진 줄 아셨다"라는 그분의 내적 자각은 성부 하나님의 뜻이 성취되었음을 뜻한다. 그리고 (30절 마지막 부분에 기록된) 자신의 영혼을 내어주시는 그분의 마지막 행동은 성자 하나님의 뜻이 이제 성취되었음을 뜻한다. 그분의 삶 전체에서 그랬듯이 예수의 죽음에서도 성부와 성자 사이에 완벽한 조화가 존재했다. 그리고

이것은 대단히 중요한 신학적 논점이다.

예수가 우리를 대신해 죽으셨다는 생각, 우리가 마땅히 받아야 했을 처벌을 그분이 받으셨다는 생각을 좋아하지 않는 사람들이 있다. 그들은 성경이 하나님의 정의에 따른 궁극적인 행동으로 묘사하는 바가 사실은 불공정하며 불의하다고 생각한다. 그래서 그들은 분노한 하나님이 예수를 대신 매 맞는 사람으로 만들어 우리가 마땅히 당해야 할 모든 것을 당하게 하셨다고 생각한다. 그런 다음 그들은 하나님이 마치 자기 아들이 저지르지 않은 일에 대해 그를 희생시켜서 정작 죄를 지은 이들이 탈출하게 만드는 폭력적인 아버지인 것처럼 묘사한다. 이런 속죄론은 심지어 '우주적인 아동 학대'로 조롱을 받기도 했다. 이런 왜곡이 지닌 중요한 문제점은 속죄를 세 배우가 등장하는 드라마로 보는 것이다.

A - 분노한 하나님, B - 죄인인 인류, C - 예수.

A는 B를 벌해야 하지만 대신 C로 하여금 B를 대신하게 하고 그를 처벌한다. 이것이 불합리하며 불의하다는 것이다. 하지만 이는 (요한복음에서 예수가 줄곧 강조하셨던) 성부와 성자의 본질적 일치를 간과하고 있다. 속죄의 드라마에는 두 명의 배우밖에 없다. 한 분이신 삼위일체 하나님과 우리다. 그리고 이 하나님이 우리 죄의 결과를 자신 안에서 담당하신다. 하나님 자신이 십자가에서 우리를 대신하셨다. 그분은 "다른 누군가를 대신 처벌하지" 않으셨다. 자기 아들을 통해 하나님이 스스로 우리를 대신하셨다. "하나님께서 그리스도 안에 계시사

세상을 자기와 화목하게 하시며"(고후 5:19).

성경은 균형 잡힌 진술로 이를 표현하며, 우리는 이 균형의 양쪽 모두를 진지하게 받아들여야 한다.

예를 들어, 우리는 십자가가 하나님의 뜻이었음을 알고 있다(행 2:23). 하지만 예수는 "나의 양식[뜻]은 나를 보내신 이의 뜻을 행하며 그의 일을 온전히 이루는 이것이니라"라고 말씀하셨다(요 4:34).

이사야 53장 6절에서는 "여호와께서는 우리 모두의 죄악을 그에게 담당시키셨도다"라고 말한다. 하지만 베드로는 그분이 "친히 나무에 달려 그 몸으로 우리 죄를 담당"하셨다고 덧붙인다(벧전 2:24).

요한은 "하나님이 세상을 이처럼 사랑하사 독생자를 주셨으니"라고 말한다(요 3:16). 하지만 바울은 하나님의 아들이 "나를 사랑하사 나를 위하여 자기 자신을 버리셨다"라고 덧붙인다(갈 2:20). 성부의 계획과 성자의 행동이 완벽한 조화를 이룬다.

존 스토트의 책 《그리스도의 십자가》(The Cross of Christ)를 읽어본 적이 있는가? 읽지 않았다면 구해서 꼭 읽어보기를 권한다. 고전적인 책이다. 이 책의 한 부분에서 그는 바로 이 점에 관해 논한다. 그는 내가 할 수 있는 것보다 훨씬 더 잘 설명했다.

우리는 … 하나님이 자기가 하고 싶지 않은 일을 강제로 예수께 떠넘기셨다든지, 혹은 예수는 하나님의 무자비한 공의에 의하여 억지로 희생되었다는 의미라고 마음대로 해석할 수 없다. 예수 그리스도께서 실로 우리 죄의 형벌을 담당하신 것이 사실이지만, 예수가 그 일을 하는 데는 하나님이 적극적으로 개입하셨으며, 또한 그리스도께서는 자신의 역할을 기꺼이 담당하셨다(예를 들면 히 10:5~10).

그러므로 우리는 하나님이 예수를 처벌하신다든지, 혹은 예수가 하나님을 설득하신다고 말하지 말아야 한다. 왜냐하면, 그렇게 말하는 것은 마치 하나님과 예수가 서로 제각기 행동하며, 심지어는 서로 갈등 관계에 있기라도 한 것처럼 말하는 것이 되기 때문이다. 우리는 결코 그리스도를 하나님의 형벌 대상으로 만들거나 하나님을 그리스도의 설득 대상으로 만들지 말아야 한다. 왜냐하면, 하나님과 그리스도는 모두 주체이지 객체가 아니시며, 죄인을 구원하기 위해 함께 주도적으로 활동하시기 때문이다. '하나님의 버리심'(God-forsakenness)이라는 말로 표현될 수 있는 십자가상의 모든 일은, 속죄를 반드시 이루고자 하시는 거룩한 한 사랑 안에서 이 두 분이 자발적으로 수락하신 것이다. … 성부께서는 성자가 꺼리는 시련을 그에게 강요하지 않으셨고, 성자는 성부께서 베풀기를 원치 않으시는 구원을 억지로 탈취한 것이 아니다. 신약성경에는 성부와 성자 사이에 어떤 형태의 불의가 있었다는 … 기미는 전혀 없다. 어느 편에서도 내키지 않는 일을 억지로 하는 일 따위는 없었다. 오히려 성부와 성자의 뜻은 사랑에서 우러

난 완전한 자기희생 속에서 하나가 되었다.[4]

십자가를 이해하려고 할 때 절대로 성부와 성자를 분리하지 말라. 그리스도의 삶에서 성부와 성자가 하나이셨듯 그분의 죽음에서도 성부와 성자는 하나이셨다.

> 히브리서 10:5~10
>
> 그러므로 주께서 세상에 임하실 때에 이르시되 하나님이 제사와 예물을 원하지 아니하시고 오직 나를 위하여 한 몸을 예비하셨도다 번제와 속죄제는 기뻐하지 아니하시나니 이에 내가 말하기를 하나님이여 보시옵소서 두루마리 책에 나를 가리켜 기록된 것과 같이 하나님의 뜻을 행하러 왔나이다 하셨느니라 위에 말씀하시기를 주께서는 제사와 예물과 번제와 속죄제는 원하지도 아니하고 기뻐하지도 아니하신다 하셨고(이는 다 율법을 따라 드리는 것이라) 그 후에 말씀하시기를 보시옵소서 내가 하나님의 뜻을 행하러 왔나이다 하셨으니 그 첫째 것을 폐하심은 둘째 것을 세우려 하심이라 이 뜻을 따라 예수 그리스도의 몸을 단번에 드리심으로 말미암아 우리가 거룩함을 얻었노라

요한의 눈을 통해

이렇게 요한은 예수가 죽어가시는 그 순간 그분의 의식 안으로 우리를 이끌었다. 이제 31~37절에서 우리는 십자가 아래 가까운 곳에 서 있던 요한의 눈을 통해 이 장면을 바라볼 것이다. 30절에서 예수는 고개를 떨어뜨리고 죽으셨

지만 요한은 이 드라마의 한 막을 더 목격한다. —이를 보면서 그는 (아직도 성경을 충분히 인용하지 않은 것처럼!) 성경 두 구절을 더 떠올리고 인용한다.

> 이 날은 준비일이라. 유대인들은 그 안식일이 큰 날이므로 그 안식일에 시체들을 십자가에 두지 아니하려 하여 빌라도에게 그들의 다리를 꺾어 시체를 치워 달라 하니, 군인들이 가서 예수와 함께 못 박힌 첫째 사람과 또 그 다른 사람의 다리를 꺾고 예수께 이르러서는 이미 죽으신 것을 보고 다리를 꺾지 아니하고 그 중 한 군인이 창으로 옆구리를 찌르니 곧 피와 물이 나오더라. 이를 본 자가 증언하였으니 그 증언이 참이라. 그가 자기의 말하는 것이 참인 줄 알고 너희로 믿게 하려 함이니라. 이 일이 일어난 것은 '그 뼈가 하나도 꺾이지 아니하리라' 한 성경을 응하게 하려 함이라. 또 다른 성경에 '그들이 그 찌른 자를 보리라' 하였느니라.
>
> (요 19:31~37)

다시 한 번 요한은 이 순간을 묘사하며 통렬한 아이러니를 드러낸다.

- ◆ 안식일의 주께서 죽어가고 있을 때, 유대 지도자들은 안식일에 대해 걱정하고 있었다.
- ◆ 창조주께서 온 세상의 구속을 위해 그분의 피를 흘리시고

있을 때, 이 지도자들은 그 땅에서 일어나 죽음과 피 때문에 그 땅이 오염되거나 불경해지지 않을까 걱정하고 있었다.

◆ 예수가 땅과 우리에게 내린 저주를 제거하시려고 하나님의 저주 아래 죽어가고 있을 때, 이 지도자들은 시체를 밤새도록 "나무"에 매달아두어 저주가 임할까 걱정하고 있었다(신 21:22~23).

◆ 하나님의 유월절 어린 양이 이미 그분의 피를 흘리셨는데, 이 지도자들은 유월절을 준비하고 유월절 양을 죽이는 데 관심을 쏟고 있었다.

신명기 21:22~23

사람이 만일 죽을 죄를 범하므로 네가 그를 죽여 나무 위에 달거든 그 시체를 나무 위에 밤새도록 두지 말고 그 날에 장사하여 네 하나님 여호와께서 네게 기업으로 주시는 땅을 더럽히지 말라 나무에 달린 자는 하나님께 저주를 받았음이니라

그래서 그들은 그분의 다리를 꺾어달라고 요구했다. 그 이유는 죽음을 재촉하기 위해서였다. 십자가에 못 박힌 사람의 다리가 꺾이면 그는 숨을 쉬기 위해 몸을 밀어 올릴 수 없게 된다. 그는 팔을 벌리고 십자가에 매달린 채 훨씬 더 빨리 질식사하게 될 것이다. 군인들이 재빨리 행동에 나서 무거운 쇠망치로 다른 두 범죄자의 다리를 내렸다. 하지만 예수께 다가갔을 때 놀랍게도 그들은 그분이 이미 죽어 있음을 알게 된

다. 요한이 이미 말했듯이 예수는 자신의 영혼을 내어주셨다. 아무도 그분의 생명을 빼앗지 못했다. 그분이 스스로 내어주셨다.

그래서 군인 중 하나가 예수가 죽으신 것을 확실히 해두기 위해 긴 창으로 그분을 찌른다. 그는 아래로부터 예수의 옆구리를 찌른다. 횡격막을 관통해 생긴 가슴의 구멍으로 적혈구와 맑은 혈청이 흘러나온다. 이미 몇 시간 전 매질을 당하고 가슴과 장기가 손상되어 발생한 내출혈로 적혈구와 혈청이 이미 분리되어 있었다. 창을 찌르자 물과 피가 콸콸 흘러나온다.

요한은 거기서 이 모든 것을 지켜보고 있었다. 그리고 35절에서 그는—예수의 죽음의 증인으로서—자신이 본 것을 증언한다. 단순한 사실들이 예수가 의심할 나위 없이 죽으셨음을 선포한다. 그리고 요한과 (사람이 죽었는지 아닌지를 분별할 수 있던) 군인들, 분리된 피와 "물"이라는 증거가 이를 확증했다. 예수는 그저 의식을 잃으신 게 (그리고 부활에 대한 터무니없는 '설명'에서처럼 나중에 서늘한 무덤에서 깨어나신 게) 아니었다. 예수가 죽으셨다. 그분은 숨을 쉬려고 애쓰지 않으셨다. 다리를 부러뜨릴 필요도 없었다.

사람들은 물과 피에서 다양한 상징적 의미를 발견한다. 예를 들어, 물은 깨끗하게 하는 수단이고 피는 속죄의 수단이었다. 혹은 오거스트 토플레이디(August Toplady)의 찬송가 "만세 반석 열리니"(Rock of Ages)가 떠오르기도 한다.

창에 허리 상하여

물과 피를 흘린 것

내게 효험 되어서

정결하게 하소서.

　하지만 우리는 본문에 집중해 요한이 하는 말에 귀를 기울여야 한다. 왜냐하면, 그는 군인들의 행동(예수의 다리를 꺾지 않고 대신 그분의 옆구리를 창으로 찌른 행동)이 그에게 두 성경 구절을 떠올리게 한다고 분명히 말하기 때문이다.

　따라서 마지막으로 우리는 요한이 우리에게 제공하는 이중적 렌즈를 통해 십자가에 달리신 예수의 마지막 순간을 이해하기 위해 두 성경 구절을 살펴보아야 한다.

그분의 뼈가 부러지지 않았다

　먼저 요한은 예수의 뼈가 꺾이지 않았다고 기록한다. 그리고 이를 통해 그는 출애굽과 유월절 이야기의 작은 세부사항을 떠올린다. 유월절 어린 양에 관한 하나님의 명령에는 "뼈도 꺾지 말지며"라는 말씀이 포함되어 있다(출 12:46 한 집에서 먹되 그 고기를 조금도 집 밖으로 내지 말고 뼈도 꺾지 말지며). 우리는 1장에서 유월절의 의미에 관해 생각해보았다. 유월절은 하나님이 이집트인들에게 마지막 재앙—그들의 장자의 죽음—을 내리셨을 때 이스라엘 백성은 문틀에 바른 유월절 어린 양의 피로 보호를 받고 살아남았던 사건을 기념했다. 해마다 지키는 유월절 축제는 출애굽 이야기의 이 위대한 순간을 기억하고 기념했다.

따라서 예루살렘 성 안에서 유월절 어린 양들이 도살당하던 바로 그 시간에 요한은 성벽 밖에서 예수가 죽어 가시는 모습을 지켜보고 있다. 사람들은 다시 한 번 자기 백성을 노예 상태에서 건져내신 위대한 구원을 기념하기 위해 준비하고 있다. 그리고 요한의 마음에는 유월절 어린 양에 관한 그 성경 구절이 떠오른다. 그는 세례 요한이 예수를 가리켜 자기 백성을 노예 상태에서 건져낼 뿐만 아니라 온 세상의 죄를 지고 가는 하나님의 어린 양이라고 했던 말을 기억한다(요 1:29 이튿날 요한이 예수께서 자기에게 나아오심을 보고 이르되 보라 세상 죄를 지고 가는 하나님의 어린 양이로다. 요 1:36 예수께서 거니심을 보고 말하되 보라 하나님의 어린 양이로다). 그리고 이제 십자가에서 요한은 이것이 출애굽보다 더 위대한 구속의 순간임을 깨닫는다. 그리스도의 죽음은 우리에게 생명과 구원을 가져다준 우리 죄를 위한 희생 제사다. 그분의 죽음은 "온 세상의 죄에 대한 온전하고 완벽하며 충분한 제물이자 헌물, 만족"이다.[5] 여기 우리의 구원을 위해 죽임 당하신 참된 유월절 어린 양이 계시다. 여기 천군 천사에 둘러싸여 하나님의 보좌 가운데 서실 어린 양이 계시다. 천사들은 이렇게 노래할 것이다.

두루마리를 가지시고
그 인봉을 떼기에 합당하시도다.

일찍이 죽임을 당하사

각 족속과 방언과 백성과 나라 가운데에서 사람들을

피로 사서 하나님께 드리시고

그들로 우리 하나님 앞에서 나라와 제사장들을 삼으셨으니

그들이 땅에서 왕 노릇 하리로다. …

죽임을 당하신 어린 양은

능력과 부와 지혜와 힘과

존귀와 영광과 찬송을 받으시기에 합당하도다! …

보좌에 앉으신 이와 어린 양에게

찬송과 존귀와 영광과 권능을

세세토록 돌릴지어다!

(계 5:9~13)

　그리고 요한은 이렇게 말한다. "나는 그곳에 있었다. 나는 그것을 보았다. 나는 그분이 '다 이루었다!'라고 외치시는 것을 들었다. 나는 그분이 고개를 떨어뜨리고 자신의 영혼을 내어주시는 것을 보았다. 나는 그분의 옆구리에서 흘러나온 물과 피를 보았다. 하지만 또한 그분의 뼈가 하나도 꺾이지 않았던 것을 보았다. 그리고 나는 당신에게 그분이 하나님의 유월절 어린 양이라고 말한다. 나는 내가 본 것을 당신도 보기 원한다. 내가 들은 것을 당신도 듣기 원한다. 그리고 내가 믿는 것을 당신도 믿어 당신이 예수를 믿고 그 이름을 힘입어 생명을 얻을 수 있기를 바란다"(요 20:31 오직 이것을 기록함은 너희로

예수께서 하나님의 아들 그리스도이심을 믿게 하려 함이요 또 너희로 믿고 그 이름을 힘입어 생명을 얻게 하려 함이니라).

그분의 옆구리가 찔렸다

그렇게 뼈는 하나도 부러지지 않았지만, 그분의 옆구리가 찔렸다. 그리고 이를 보면서 요한은 예언자 스가랴의 말씀을 떠올린다. 하나님이 이스라엘에게 이렇게 말씀하셨다.

> 내가 다윗의 집과 예루살렘 주민에게 은총과 간구하는 심령을 부어 주리니 그들이 그 찌른 바 그를 바라보고 그를 위하여 애통하기를 독자를 위하여 애통하듯 하며 그를 위하여 통곡하기를 장자를 위하여 통곡하듯 하리로다. … 그 날에 죄와 더러움을 씻는 샘이 다윗의 족속과 예루살렘 주민을 위하여 열리리라.
>
> (슥 12:10, 13:1)

하나님은 이스라엘의 죄가 그분, 하나님을 찔렀다고 말씀하셨다. 하나님은 이스라엘이 그들의 악한 행실로 '자신을 찌른' 것처럼 느끼셨다. 이는 생생한 은유다. 하나님이 자기 백성의 죄로 상처를 입으셨다. 하지만 하나님이 그들에게 은총의 심령을 부어 주셔서 그들이 찔렸던 그분(즉 하나님)을 바라볼 때 자신들이 저지른 일에 대해 애통하고 통곡할 것이라고 약속하신다. 따라서 이것은 회개의 순간으로서 곧바로 죄 사함과 정화, 치유의 약속이 뒤따른다. 그리고 나는 요한이 우리로 하여금 자신이 지금 십자가에서 목격한 바에 비추어 이 예언을 해석하게 하려고 한다고 생각한다. 예수 그리스도를 통해 하나님이 찔리셨다. 창을 찌르는 로마 군인의 행동은 인간의 죄와 악이 우리의 주, 우리의 하나님, 우리의 창조주께 행한 모든 일을 상징한다.

이것이 요한이 인용하는 스가랴 본문이다. 하지만 계시록에서는 비슷한 언어로 이를 확장한다.

> 볼지어다. 그가 구름을 타고 오시리라.
> 각 사람의 눈이 그를 보겠고
> 그를 찌른 자들도 볼 것이요
> 땅에 있는 모든 족속이 그로 말미암아 애곡하리니
>
> (계 1:7)

찰스 웨슬리(Charles Wesley)는 이 본문에서 영감을 얻어 유명한 대강절 찬송가인 "대속하신 구주께서"(Lo! He Comes with Clouds Descending)를 썼다. 당신은 어떤지 모르겠지만 나는 이 찬송가를 부를 때마다 2절은 도저히 부를 수가 없다는 생각이 든다.

> 엄숙하신 주의 위풍
> 모든 사람 뵈올 때

주를 팔고
십자가에 못을 박던 자들이
슬피 울고 가슴 치며
참 메시아 뵙겠네.

먼저 나는 이런 기대에 관해 노래하는 것이 너무 끔찍해 보여서 이 가사대로 노래할 수가 없다고 느껴진다. 둘째, 실제로 이 노래에서 예수를 십자가에 못 박았던 유대인들만 후회하며 통곡할 것이라고 주장하는 것처럼 보이기 때문에 문제가 있다고 생각한다. 이는 그리스도의 죽음이 '유대인의 책임'이며 언젠가 그들이 진리를 깨달았을 때는 이미 회개하기에는 너무 늦었을 것이라는 편견을 강화한다. 이런 식의 생각은 요한이 이 순간 보고 있는 것을 훨씬 뛰어넘는 것처럼 보인다.

방금 읽은 스가랴 말씀의 맥락을 고려할 때 요한의 의도는 이 말씀이 직접적인 의미에서 그리스도의 죽음의 원인이었던 사람들이 애통하며 회개하고 그리스도의 죽음에 의해 구원을 받게 되기를 바라는 기도처럼 들리게 하는 것이었다. 이것이 요한이 이 복음서를 쓰면서 간절히 원하는 바였다. 그리고 바로 다음 절에서 그는 예수를 죽음으로 내몬 이들과 전혀 다른 방식으로 예수께 반응했던 유대인 지도자들에 관해서 이야기한다. 요한복음 19장 38~42절에서는 예수에 대한 사랑과 신실함으로 행동하는 아리마대 요셉과 니고데모의 모습을 그린다. 이들은 정말로 "그분을 보았고" 그분의 죽음에 대해 애통하며 통곡했다. 하지만 믿음으로 그렇게 했으며 그분의 부활로 그들의 믿음이 보상을 받았다.

하지만 마지막으로 누가 "그분을 찌르고 나무에 못 박았는가?" 그분께 사형을 선고한 유대인들과 그분을 십자가에 못 박은 로마인들을 탓하기만 하면 되는가? 물론 그렇지 않다.

> 그가 찔림은 우리의 허물 때문이요
> 그가 상함은 우리의 죄악 때문이라.
> 그가 징계를 받으므로 우리는 평화를 누리고
> 그가 채찍에 맞으므로 우리는 나음을 받았도다.
>
> (사 53:5)

그분이 십자가에 달리신 것은 나의 죄 때문이었다. 그분이 십자가에 달리신 것은 당신의 죄 때문이었다.

그리고 요한은 이렇게 말한다. "그분을 보라. 그분을 보고 슬퍼하라. 하지만 그 슬픔이 당신을 그리스도에 대한 믿음으로, 그분을 통한 영생으로 이끄는 회개의 슬픔이 되게 하라."

요한은 예수 그리스도의 고난과 죽음을 이렇게 묘사한다. 그는 우리를 죽어 가는 예수의 의식 안으로 이끈다. 그는 예수가 자기 죽음이 실패나 패배가 아니라 역사상 가장 위대한 성취, 온 피조물을 향한 하나님의 계획의 성취임을 아셨다는 것을 보여준다. 그런 다음 요한은 우리를 증인의 자리에 서게 해 그가 본 것을 우리도 볼 수 있게 해준다. 그리고 요한의 눈을 통해 그 장면을 볼 때 우리도 그가 꺼낸 성경의 렌즈를 통해 그 장면을 바라본다. 그는 우리에게 예수의 죽음이 하나님 자신의 희생, 세상 죄를 스스로 담당한 하나님의 어린 양의 자기 희생임을 깨닫고 생명과 구원을 얻으라고 말한다.

> 높이 들려 죽으신 주
> "다 이루었다!" 외치셨네.
> 높이 들려 하늘에 계신 주
> 할렐루야! 놀라운 구원자![6]

주

1장

1. 2008년 3월 2일 올 소울스 교회에서 한 설교.

2. 성경 인용문에서 이탤릭체로 표기하지 않은 단어는 강조된 단어다.

2장

1. 2003년 3월 30일 올 소울스 교회에서 한 설교.

2. Routledge and Kegan Paul, 1979.

3. 마 26:31~35, 69~75; 막 14:27~31, 68~72; 눅 22:31~34, 54~62; 요 13:37~38; 18:15~27.

4. William Taylor, ed., *Too Valuable to Lose: Exploring the Causes and Cures of Missionary Attrition* (Pasadena, CA: William Carey Library, 1997). 《잃어버리기에는 너무 소중한 사람들》(죠이선교회출판부).

5. Joseph M. Scriven, "What a Friend We Have in Jesus." "죄짐 맡은 우리 구주."

6. Philip Bliss, "Man of Sorrows! What a Name."

3장

1. 2007년 3월 25일 올 소울스 교회에서 한 설교.

4장

1. 2009년 4월 5일 올 소울스 교회에서 한 설교.

2. Donald Macleod, *A Faith to Live By* (Fearn, Tain: Christian Focus, 2002), 130~131.

3. D. A. Carson, *Holy Sonnets of the Twentieth Century* (Grand Rapids: Baker/Nottingham: Crossway, 1994), 51.

5장

1. 2005년 3월 20일 올 소울스 교회에서 한 설교.

2. Horatio G. Spaford, "When Peace, Like a River, Attendeth My Way" (찬송가 "내 평생에 가는 길").

3. Stuart Townend, "How Deep the Father's Love for Us."

4. John Stott, *The Cross of Christ* (Leicester: IVP/Downers Grove: InterVarsity, 1986), 151. 《그리스도의 십자가》(IVP, 번역문 출처 284~285).

5. 《성공회 기도서》의 성만찬 전례문 중에서.

6. Philip Bliss, "Man of Sorrows! What a Name."